O Meu Anjo Kiami

Por

Adelina Lourenço

ISBN: 9798358579774

Coordenação Editorial e revisão: Evelin Gonçalves

Diagramação: Equipe editorial

Capa: Evelin Gonçalves

Os pontos de vista desta obra são de responsabilidade de seus autores e colaboradores diretos, não refletindo necessariamente a posição de EveNando Editora ou de sua equipe editorial.

Publicado por EveNando Editora

www.editoraevenando.com

Pombal, Leiria – Portugal

São Paulo – SP – Brasil

Apesar de que Dele vem todas as coisas, quero dedicar este livro a DEUS, que escolheu um ser improvável como eu para escrever esta linda e maravilhosa obra, um projeto, uma história vinda do coração Dele para o meu coração.

Dedico também a todas as mamãs que tiveram a dura missão de entregar seus filhos para os braços do Criador, sem dúvida a pior de todas as missões. Aquelas mães que lutaram juntamente com seus filhos(as) dia e noite e venceram esse bicho mau.

Dedico a toda minha família, aos meus filhos, pois deles vem também toda a força que preciso para seguir; a minha mãe por me ensinar, cooperando com DEUS, a ser a mulher forte que sou hoje; aos meus irmãos por todo apoio que me deram durante todo o processo, e após o mesmo; aos meus vizinhos e amigos que sempre estiveram lá preocupados dando aquelas palavras de conforto e fé; a todos os médicos a quem DEUS usou para agirem na vida do meu Kiami.

Índice

Prefácio

Foi simplesmente pela manhã em um campo de formatura policial que olhei para uma mulher alta, negra, muito linda, sorrindo, e os seus olhos diziam silenciosamente *eu sou aquela irmã que não é de sangue, mas de alma e estou me aproximando para sempre em sua vida*. Fui olhando profundamente e fiquei tranquila, ali encontrei uma parceira não será solitária a formação, só que eu não sabia que não era apenas para a nossa recruta ou Treinamento intensivo policial, mas para o treinamento profundo da vida, companheirismo, repito amiga e irmã para a vida. De longe para sempre assim descrevo a nossa caminhada marcada de altos e baixos, de lutas e vitórias.

Não consigo descrever a sua pessoa em palavras escritas, pois tudo que temos Deus tem nos proporcionado no campo prático da vida. Obrigada pelos ensinamentos e principalmente pelo companheirismo neste caminho. Nós precisamos sempre de achar um brinde para os momentos especiais únicos e é assim que vejo sua presença única e muito especial. Uma das maiores alegrias da minha vida aconteceu quando além de irmã e amiga decidi tê-la como madrinha, por amor e pelo caminhar. Celebro com você!

Grandioso Deus louvado seja o teu nome pela graça e misericórdia que tens derramado sobre a vida

desta amiga que tanto amo. Poucas pessoas reconhecem que és fiel, pois muitos de nós escolhem outros deuses, porém esta mulher escolheu o seu coração e louvamos o teu nome por isso.

Luz sobre você meu amor!

Virgínia Ruth Ester Manjolo Romão

***

Foram momentos muito fortes que vivemos, deu para ver o amor que uma mãe sente pelo filho. Hoje acredito que nos conhecemos por um propósito de Deus, ter feito parte dessa história desde o início que o Kiami ainda tinha 3 meses até agora é gratificante, mais ainda ver a Mulher que te tornaste Espiritualmente diante das lutas e da dor da perda, mulher forte e de muita garra.

Com tudo percebi que cresceste em todos aspetos, te tornaste uma mulher mais madura, continua firme a olhar para o nosso alvo, Jesus Cristo.

Edgar Celso da Silva Alexandre

***

Foram muitas batalhas, muitas lágrimas, mas continuamos sempre aqui. Hoje tenho a certeza do quanto a minha mãe é uma mulher batalhadora e forte, mesmo com os seus defeitos muitas são também as suas qualidades, dentre elas a que mais me impressiona é a sua força e

firmeza diante das dificuldades. Deus tem lhe capacitado e lhe dado forças para não só ser mãe, mas também fazer o papel de pai para mim e meu irmão. Entre coisas boas e más ela sempre sorri, e amo isso em ti mãe. Acredito no propósito pela qual este livro nasceu, sei que este livro irá alcançar muitas vidas e servirá também para minha motivação e do meu irmão. Tenho muito orgulho de ser seu filho, e de poder contemplar a força de Deus na mãe. Continua firme e sempre essa mulher de oração.

Obrigada, mãe!

Bruno Miguel Bernardino Ferreira.

***

Segui toda trajectória desde o descobrimento do câncer até a partida do meu sobrinho Kiami e até os dias de hoje esse acontecimento deixou em mim sequelas, e na minha irmã ainda maior, mas ver a força dela dá-nos força a todos para seguir. E ver esta obra é reviver tudo outra vez, mas como diz a minha irmã Adelina: *O propósito é bem maior que a dor*, sei que será algo libertador para nós e para todas aquelas pessoas que perderam um ente querido na mesma situação que o meu sobrinho. O Kiami sempre será o anjo que veio na nossa vida para nos alegrar e sempre será a estrelinha da nossa família.

A ti minha irmã que nunca te deixaste abater, mas antes sempre permaneceste firme

pelos altos e baixos que a vida te proporciona digo que és uma mulher forte, e peço que jamais percas essa força e vontade de ver os outros bem mesmo usando a tua dor.

Obrigada por tudo!

Joaquim Alexandre Bernardino Mavacala

***

É um desafio falar da minha Michelle Obama como lhe trato, a minha Anileda Queen, já vai alguns anos que nos conhecemos e é com grande carinho e alegria que digo o quanto me orgulho da mulher que te tornaste, a mulher durona que Deus transformou, forte, determinada, sincera, pronta para novos desafios, mulher doce e boa ouvinte, a minha amiga de sorriso lindo, hoje é uma pessoa de trato fácil e mãe batalhadora. É com muito amor que agradeço a Deus por nos ter unido novamente e hoje na presença Dele. Te amo serva do Senhor mulher fiel. Tua felicidade é a minha também, continua firme pois Deus é contigo.

Arlete Cristóvão António

***

Falar desta grande e poderosa mulher é falar de uma leoa que sabe proteger os seus, uma mulher que sabe lidar com os problemas, alguns difíceis, mas ela consegue ultrapassar tudo por causa da capacidade espiritual que carrega. As

vezes ela se sente fraca, mas no final tira forças na sua própria fraqueza. É mulher que sabe o que quer, muito determinada nos seus objectivos e sonhos, mulher de punhos fortes que luta até conseguir, é verdadeiramente uma diva. É também uma mulher forte no espírito dedicada na obra do Senhor cheia de sentimentos bons, dificilmente guarda rancor das pessoas, sabe perdoar e reconhece os seus erros e falhas, é uma grande mulher.

Pastor Cláudio Conceição

***

Há quase duas décadas Deus me deu uma irmã de outra mãe, Bubas, conforme carinhosamente nos chamamos, é a Adelina Lourenço. Uma mulher de grande coração, que se compadece pela dor do próximo e batalha com ele as suas lutas como se fossem dela. Aquela que várias vezes caiu, mas logo se levantou e seguiu sempre com otimismo e boa disposição, na esperança do melhor ainda estar por vir. De sorriso fácil, a minha Bubas é o verdadeiro exemplo de uma mulher guerreira que surpreende a cada dia que passa pela vitalidade e força que carrega dentro de si... Só pode ser Deus! Ao longo da vida por inúmeras vezes a Adelina foi o meu suporte para ultrapassar as vicissitudes da vida e a conselheira para muitas das minhas decisões. Já passamos pelas inúmeras fases da amizade e hoje somos irmãs! A Deus agradeço pela sua vida, pela mulher que se tornou e pela inspiração que é para todos nós.

Te amo Bubas ❤

Ornela Racia Martins Feliciano

A Gestação

Já sendo mãe de Miguel, um menino que naquela altura tinha 10 (dez) anos de idade, propriamente em abril de 2017 descobri que estava grávida, naquele instante instalou-se em mim o medo, medo porque fazia dez anos que era mãe de primeira viagem e uma gravidez não fazia parte dos meus planos, pois na verdade depois desse tempo todo cheguei a pensar que não poderia fazer mais filhos, e de repente deparar-me com fraldas, choros e noites mal dormidas era algo que não projetava.

Após algumas semanas de gravidez começaram a surgir o que eu mais temia, o mal-estar, tonturas, enjoos, vómitos, muita dificuldade para dormir e para piorar a situação eu encontrava-me a morar e trabalhar na província do Cuando Cubango, em Menongue, no órgão dos Serviços de Migração e Estrangeiro S.M.E. Na época encontrava-me em missão de serviço no posto fronteiriço do Katuitui que liga Cuando Cubango a Namíbia. Foram semanas de muita aflição por conta do mal-estar, e naquela altura para ter acesso a um centro hospitalar teria de fazer a travessia de Angola para a Namíbia ou voltar para a cidade de Menongue onde teria de fazer de estrada.

Gestação turbulenta onde só a mão de Deus para ter chegado até ao final. Foram dias, semanas e meses de muita luta até ter o meu anjo (nessa altura ainda não tinha escolhido o nome)

nos braços, enjoos e vómitos incontroláveis e muitas vezes inexplicáveis, toda alimentação que fizesse não ficava retido no estômago. Foram momentos de muita angústia que fui mesmo obrigada abandonar a missão de serviço e voltar para a cidade de Menongue.

Após ter enfrentado 430 km de estrada que se encontrava em más condições para circulação cheguei na cidade de Menongue e o mal-estar persistia. Depois de um dia de estadia na cidade tive mesmo que ser internada, dei entrada no hospital militar de Menongue onde fui atendida e muito bem tratada pelo irmão e amigo Dr. Bartolomeu Famoroso Quiluanje, Capitão de Estado Maior General, da unidade hospitalar. Após quase uma semana internada e vendo que precisava de muito mais cuidados e naquele momento o hospital não fruía condições para uma gestante, na verdade o hospital militar não atendia gestantes, por ser específico para militares e como eu fruía a patente de agente de migração do órgão do MININT poderia ter acesso ao atendimento no hospital, o Dr. Quiluanje achou melhor passar uma guia de evacuação para Luanda onde supostamente teria de receber um acompanhamento melhor. Depois de ter recebido a guia de evacuação passou a alta e segui para casa.

No dia seguinte segui de voo para Luanda, foi uma viagem de 1h45min que pela graça de Deus foi abençoada e tranquila, porém fiz bastante feridas nos lábios por conta da desidratação! Terminando a viagem encontrei já

no aeroporto de Luanda a minha amiga Núria que durante uma boa parte da minha estadia em Luanda me ajudou. Neste mesmo dia à noite passando muito mal dei entrada na maternidade onde só Deus para ter misericórdia da minha vida e da minha gestação; condições precárias necessitando de muita mudança, passei uma noite no hospital (onde prefiro não citar a forma como fui tratada), recebi alta e voltei para casa.

Já em casa o mal-estar continuava, a dificuldade de me alimentar e manter o alimento no estômago era desesperador porque até líquida saía, momentos que só com a intervenção divina para alcançar a paz, era uma luta física e espiritual; situações inexplicáveis e muitas vezes incontroláveis. Meu estado físico passou a ser afectado comecei a perder peso e a ficar muito, muito magra onde cheguei a pesar 50 kg. Vendo o estado em que me encontrava a amiga da minha mãe e minha madrinha Marcela, que é chamada por Celita, levou-me para casa dela que se situava no mesmo bairro em que eu me encontrava e lá fiquei durante dias creio que até mesmo semanas. O meu estado piorava a cada instante, não conseguindo me alimentar tanto de alimentos sólidos como de alimentos líquidos porque nada ficava no estômago e as pessoas em casa passaram a ficar preocupadas tanto com o meu estado como com o bebé. Com 4 meses de gestação a minha barriga não desenvolvia e não conseguindo me alimentar as pessoas em casa se questionavam do porque dos vómitos se eu não conseguia ingerir qualquer tipo de alimento. Foi

uma batalha dura e difícil de suportar porque nem mesmo na gestação do meu primeiro filho passei por tamanha luta e dificuldade. Para continuar com a gestação só mesmo sendo um plano de DEUS.

Dada a situação que continuava fui fazer a primeira ecografia no dia 07/07/2017 na clínica Castelo no Morro Bento (Luanda/Angola) onde tive mesmo que fazer um balão de soro por conta da fraqueza e da incapacidade de poder me alimentar, depois de ter feito o soro fui para sala de ecografia onde constatamos que o bebe estava bem e que desenvolvia perfeitamente bem, e que por conta dos vómitos e da incapacidade de me alimentar teria que internar para ser vigiada, mas as condições financeiras não era favorável para internar tendo mesmo que voltar para casa. No dia seguinte recebi a visita do meu irmão e primeira pessoa que me falou do amor de Jesus Cristo, obreiro Cláudio que agora é pastor, orou por mim e numa garrafa com água repreendendo todo mal na gestação. Muitas vezes de noite não conseguia dormir porque fora os vómitos ainda ficava com bastante tontura, cheguei mesmo em me perguntar que gravidez seria aquela e se tinha cometido algum mal para merecer tanto mau. Perdi a vontade de tudo, comecei a ficar feia fisicamente, até que um dia pedi mesmo a DEUS para fazer o bebé sair porque não aguentava mais, o que eu não sabia é que dentro de mim eu carregava um ANJO que viria mudar a minha vida por completo, mas isso lá mais para frente vocês vão entender o porquê.

Dias se passaram até que em um dia conversando com a minha amiga Ornela, que para mim é uma irmã, ela perguntou como eu estava e como estava a correr a gravidez (ela vive no Maculusso com a mãe e os irmãos), naquela altura senti como se uma voz me dissesse para tirar uma fotografia e lhe enviar. Enviei a fotografia e após ter visto Ornela ficou surpreendida e triste com a forma que me viu naquela foto, magra e muito debilitada, pois naquela altura até feridas na boca apareceram! Surpreendida com o meu estado Ornela perguntou onde eu estava e pediu-me que aguardar, pois iria falar com a mãe dela para que pudesse ir buscar-me. E assim aconteceu, após ter falado com a mãe, Ornela, no dia seguinte foi buscar-me.

Ornela é minha amiga há cerca de 15 anos, uma irmã para mim, alguém que nos meus melhores e piores momentos esteve e sempre está comigo, as nossas famílias se conhecem e nessa altura da gravidez do Kiami não foi diferente. Após termos chegado em casa dona Teresa, mãe da Ornela, mulher de fé e muita Oração olhou para mim e não satisfeita com o estado em que me encontrava começou a orar por mim repreendendo o mal na minha gravidez e em tudo que estava a fazer-me mal, ungiu-me e declarou palavras de cura e libertação e desde aquele dia as minhas noites passaram a ser mais tranquilas, os vómitos e as tonturas cessaram e o que mais me alegrou foi que passei a conseguir alimentar-me e a ingerir líquidos, foi uma vitória

e tanto. A partir daquele momento a minha barriga começou a surgir e a minha aparência a mudar completamente para melhor.

Depois de ter passado por tanta batalha tomei a decisão de ir para Portugal, país que me viu crescer e onde a minha mãe, irmãos e filho moram. Nessa mesma altura no mês de agosto de 2017 Ornela tinha viagem marcada para Portugal com o filho Tiago (na verdade tanto eu como Ornela crescemos em Portugal e já adultas cada uma decidiu voltar para Angola). Antes mesmo de viajar Ornela ajudou a tratar da minha viagem e de tudo que era necessário, enquanto isso eu e o Nelo (pai dos meninos) fomos a embaixada tratar a documentação para a viagem isso no dia 18 de agosto e pela graça de DEUS conseguimos viagem para dia 21 de agosto de 2017.

A Viagem Para Portugal

Finalmente chegou o dia mais esperado por mim, dia da minha viagem 23 de agosto. O desejo de estar no colo da minha mãe e no seio familiar trazia uma alegria em mim e esperança de melhores dias, poder estar com o meu filho Miguel naquele momento era algo que alegrava meu coração e era tudo que eu mais desejava.

8h00 de viagem se passaram e finalmente aterrávamos naquele que era o lugar mais desejado por mim e poder passar toda a minha gestação perto dos meus. A viagem foi tranquila, graças a DEUS não passei mal e estava em paz. Após o desembarque meu primo Gabe já estava a espera para trazer-me em casa, novo ar, nosso ambiente, seio familiar era tudo que eu precisava. A alegria de estar em casa com a família era algo que não tinha explicação para mim, na verdade toda e qualquer família nesse mundo por mais defeitos que tenha é o bem mais precioso na terra e plano de DEUS. Naquela altura e até hoje vejo o quão importante é a família e o papel que cada um deles prestou no momento da gestação do Kiami.

Durante umas semanas passei por dias tranquilos sem nenhum mal-estar excessivo, até que tudo começou de novo: os vómitos incontroláveis, tonturas e a incapacidade de manter a comida no estômago. Tudo estava de volta e dessa vez veio junto a perca de saliva excessiva que me foi metendo magra e muito debilitada. Passei então a fazer as consultas dessa vez num país onde a saúde era mais desenvolvida e os cuidados bem melhores graças a Deus. Foram vários exames, análises até que surgiu a notícia de que a gravidez era de risco e que precisava fazer bastante repouso, cheguei a pesar 56 kg, por conta da tensão alta. Cheguei a me perguntar o que mais poderia faltar, pois o sofrimento já era demais. Por conta da tensão teria que todos os dias estar a base de comprimidos para ter a tensão equilibrada; foram meses de muita luta e desejo que tudo chegasse ao fim, desejo que Deus acelerasse a gestação e trouxesse logo Kiami ao mundo.

Nesses momentos minha mãe foi incansável, cuidou de mim e tentava sempre cozinhar tudo que eu tivesse desejo para poderem me alimentar (quando dizem que mãe é mãe é a mais pura verdade, mãe deveria ser eterna). Mama fazia bastante sopa, e comprava muitas frutas para que não ficasse sem me alimentar. Por não conseguir muitas vezes beber água a mama comprou um sumo de uva que foi tiro e queda, Kiami amou o sumo desde o ventre e assim eu conseguia ingerir algum líquido, apesar de que a água era a bebida mais saudável. DEUS É MARAVILHOSO E MISÉRICORDIOSO, desde o ventre DEUS já havia declarado Kiami como GUERREIRO.

2017 passou e chegou aquele que era o ano mais esperado 2018, e exatamente no princípio do ano tive que internar porque a

tensão subia de uma forma incontrolável, chegando mesmo a fazer uma pré-eclampsia, o mal-estar persistia. Durante uma semana fiquei internada para ser vigiada por conta da tensão, e sem melhorias os médicos decidiram fazer aceleração do parto para não colocar a minha vida em risco nem a do bebé, me foi dado um comprimido por volta das 17h00 do dia 10 de janeiro e só de noite o comprimido foi fazer efeito. Foram momentos de dores horríveis até que me transferiram para a sala de parto onde a minha mãe ainda foi me fazer companhia, as dores iam e vinham e cada vez que eram mais fortes, uma dor pior que a outra e como já era muito tarde minha mãe teve que voltar para casa me deixando sozinha na sala de parto. Quanta dor passei naquela sala e foi assim até que os médicos entraram, prepararam-me e viram que já tinha a dilatação completa, Kiami estava prestes a vir ao mundo. Depois de tanto fazer força e já cansada não conseguia mais e vendo o meu estado uma das médicas na sala pega em um ferro para puxar o bebé até que de repente senti algo em mim que me deu forças para expulsá-lo para fora, dia 11 de janeiro de 2018 pela 01h05min com 37 semanas e 2 dias veio ao mundo o meu ANJO KIAMI, o mensageiro de DEUS na minha vida, com 2,155g, 440 cm e um perímetro cefálico de 33,5 cm. O meu anjo estava em meus braços e finalmente a alegria transbordava na minha vida após muita batalha, muita aflição onde meu sustentador foi JESUS

CRISTO DE NAZARÉ a quem eu louvo e engrandeço pelo que Ele É.

Apesar do seu pouco peso Kiami teve um desenvolvimento normal. Ainda no hospital tanto eu como o Kiami fomos submetidos a exames de controlo por tudo quanto havia passado durante a gestação. Kiami foi visto pelo oftalmologista e tudo estava bem. Passando um tempo Kiami começou a perder o peso, algo que é normal acontecer nos bebés, primeiramente vão perdendo o peso até começar a ganhar e assim foi Kiami até que recebemos a notícia de que poderíamos ir para casa.

Já em casa no seio familiar a alegria total instalou-se em nossos rostos. Miguel, meu filho mais velho, ficou contente com o mano mais novo. Estava todo mundo apaixonado pelo Kiami, principalmente porque ele era um bebé calminho, um come e dorme, uma verdadeira bênção de DEUS na minha vida e na minha família.

Tudo estava indo bem até que em uma noite pela primeira vez Kiami começou a chorar e fazia muita febre mesmo. Sem saber o motivo da febre quando fui mudar-lhe a fralda reparei que a zona da bexiga do Kiami estava inflamada! Como já era muito tarde tivemos que esperar até amanhecer e nas primeiras horas levei-o ao hospital. Chegando no hospital passamos pela triagem, até que chegamos ao médico que examinou o bebé e pediu análises que confirmou

a infecção urinária que, segundo o médico, era por conta do tempo que ele ficava com a fralda. Naquele mesmo dia Kiami teria que fazer a medicação via venosa então tivemos que internar. Foram quase 2 semanas no internamento com melhoria e mesmo depois de passarmos por aquele susto Kiami sempre esteve sereno e tranquilo; brincava e sorria. Passando este tempo, com ele curado tivemos alta e já podíamos ir para casa, ambiente familiar não há melhor! Daí em diante passamos por dias tranquilos, Kiami desenvolvia perfeitamente bem, alimentava-se bem e tudo estava em paz. As consultas de rotina comprovavam isso.

Quatro meses havia se passado, estava na altura de voltar para Angola e retomar ao trabalho. Momento delicado o ter de voltar para Angola, deixar a minha família e principalmente o meu filho Miguel.

O Regresso Para Angola

Dia 20 de Abril de 2018, data marcada para o regresso para Angola, momento um tanto delicado, pois não gosto de despedidas, e ter que se despedir da minha família e do meu filho para regressar foi difícil afinal já estava acostumada ao seio familiar e de repente ver-me novamente longe deles era uma ideia muito complicada, mas teria que ser. Neste dia minha mãe levou-nos até ao aeroporto, enquanto cuidava do Kiami eu tratava do check-in, depois de ter tudo resolvido foi o momento da despedida entre mãe e filha, e neto e avó.

Foram 8 horas de viagem de Portugal a Angola, viagem tranquila sem problema algum. Kiami sempre sossegado, a calma dele durante a viagem cativou as pessoas que se sentavam ao nosso lado, ele não chorava e nem fazia birra, muitas vezes, ainda em Portugal, as vizinhas perguntavam se havia mesmo um bebé dentro de casa porque não ouviam Kiami a chorar em momento nenhum.

Aterramos em Luanda em paz, e pela graça de Jesus, após o desembarque Núria aguardava por nós já na parte de fora do aeroporto juntamente com uma amiga nossa, Joana, que nos levou em casa. Finalmente havíamos chegado em casa, ficamos na casa da minha mãe no Morro Bento, mas como a casa estava fechada já algum tempo e por conta da poeira passamos a noite e no dia seguinte fomos

para a casa da amiga da minha mãe e minha madrinha Celita onde ficamos até regressarmos para o Cuando Cubango. Já em Angola comecei a ficar um tanto que preocupada porque o meu país é um país com muitas limitações, e muitas vezes o salário não dava para tudo, o preço da alimentação era caro e naquele momento o salário que fruía não seria suficiente e fraldas, leite, papa ou mesmo o iogurte eram alimentos que não podia deixar faltar ao meu filho, mas nisso também tivemos a colaboração do Nelo, pai do Kiami, que mesmo trabalhando em Malanje provia com as despesas de casa.

Depois de duas semanas em Luanda tivemos que nos organizar para a viagem rumo ao Cuando Cubango. Foram 24 horas de viagem, 1039 km de estrada, com a via um tanto esburacada, mas a viagem foi tranquila, algo novo para o Kiami que ainda assim colaborou bastante (como sempre calmo). Muitas vezes me questionava e perguntava a Deus se o pequeno iria se habituar ao clima africano, calor, mosquito e muita debilidade no que toca a saúde, pois uma das minhas maiores preocupações era a saúde e o meio ambiente; mas confiando sempre em Deus cri que tudo iria ficar bem. Chegamos em Menongue, Rogério (ou Chara como é tratado), amigo que foi a nossa busca na base dos autocarros e deixou-nos em casa. A partir daquele momento começou uma nova história, um novo desafio onde Kiami foi o meu companheiro e amigo de todas as horas. Ser mãe depois de 10 anos era como se estivesse a ser

mãe de 1ª viagem ainda mais num país de muitas limitações. Enfrentamos o desafio, arregaçamos as mangas e seguimos com fé em Deus e a certeza que tudo daria certo. E o menino foi crescendo bem.

Enquanto ia trabalhar, o Kiami ficava sobre os cuidados de Paula, (ou Paulina como carinhosamente era tratada). Paulina foi a jovem que muito me ajudou, a assistente que tratava da casa e também cuidava do bebé. Com ela meu coração ficava tranquilo porque sabia que cuidava de Kiami com amor como se fosse seu filho, como se fosse o seu Emanuel de dois anos. Foram momentos tensões porque nunca tinha imaginado cuidar de uma criança em Angola. Meu primeiro filho, Miguel, nasceu em Portugal, e no ano de 2010 quando decidi voltar para Angola, ele foi comigo, mas infelizmente não se adaptou e ficava doente muitas vezes. Tomei então a decisão de mandá-lo de volta para Portugal onde cresceu com a minha mãe e irmãos que cuidaram dele até o momento que regressei em 2019; então cuidar de Kiami em Angola seria como reviver o que passei com o Miguel.

Passei por muitos altos e baixos, mas ainda assim assumi a responsabilidade. Com isso aprendi bastante, crendo sempre que Deus estava connosco e me ajudaria a cumprir a missão de cuidar do menino.

Na nossa passagem por Luanda quando saímos de Portugal conheci o irmão Edgar Alexandre, que me foi apresentado pela Patrícia (a minha Isabel Yeshua, guerreira de Cristo), homem de Deus que nos levou a Igreja Catedral da Adoração e Promessa. Edgar, que hoje lhe trato por irmão, foi enviado nas nossas vidas com uma missão que só mais tarde nós entendemos. Muitas vezes ele ligava para orarmos e muitas vezes no meio da oração pedia que ungisse Kiami e lhe colocasse no colo, e mesmo não entendendo obedecia e assim foi durante muitos e muitos meses.

Quando Kiami fez 10 meses notei que ele para enxergar as coisas, assim como a televisão teria que ser de muito perto, achando estranho coloquei-lhe no colo peguei no telefone para fazer um teste e reparei que ele teve que baixar-se totalmente para enxergar o telefone nas minhas mãos, fiquei muito preocupada.

Gostando muito de tirar fotografias olhando para elas reparei que no olho do Kiami tinha uma bola brilhante.

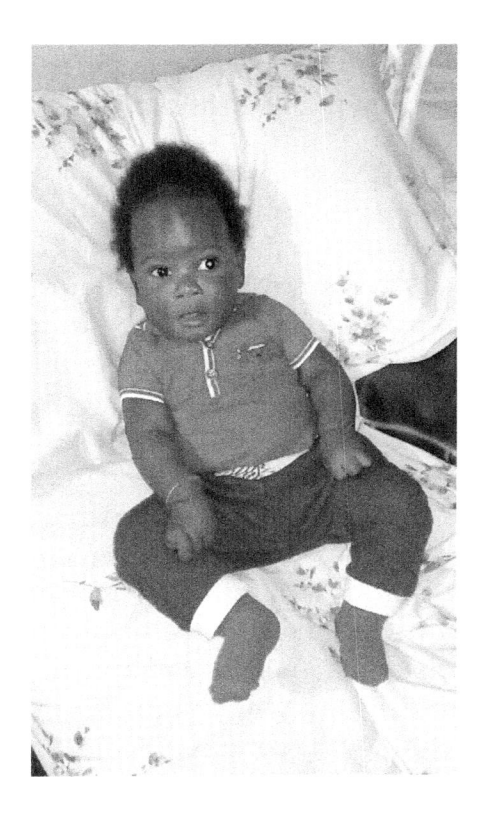

    Todos dias reparava no meu filho e sentia que algo não estava bem e que a bola brilhante ia desenvolvendo, no momento como estava a trabalhar e fazia pouco tempo que havia regressado, esperei chegar as minhas férias para levá-lo ao oftalmologista.

    Enquanto aguardava as férias a nossa rotina era tranquila, ambiente de mãe e filho. Kiami era a minha melhor companhia, meu amigo e aquele que mesmo sem entender escutava os meus desabafos, o anjo que alegrava

meus dias e dava sentido a minha vida, um anjo que Deus gerou dentro do meu ventre e usou para escrever uma nova história para mim.

Chegando as férias partimos para Benguela para consultar o oftalmologista e também estar com a família, meus irmãos por parte de pai vivem em Benguela com a mãe e a família da parte materna, então Benguela é a minha segunda casa, província que muito amo e gostaria de ter vivido. Em Benguela passamos bons e ótimos momentos de férias. Meu tio Nelito Paiva primo irmão do meu falecido pai e a sua esposa como trabalham no hospital geral de Benguela fizeram a marcação da consulta de oftalmologia para o Kiami. Após termos chegado no hospital e enfrentando uma fila enorme Kiami foi visto por uma médica cubana na qual fez exames usando algumas máquinas, no fim do mesmo a Dra. me disse que o Kiami estava com uma miopia grave e que teria que usar óculos permanentemente, aquela resposta para mim foi como se o Mundo todo tivesse caído encima de mim, o meu primeiro pensamento foi: Deus como foi que isso aconteceu, onde errei nos cuidados do meu filho? Foram mil e um questionamento que me fiz a mim mesma e a Deus, porque Kiami tinha nascido bem, lhe foi feito todos os exames quando nasceu e durante a nossa estadia em Portugal, onde então poderia ter surgido aquela situação.

A partir daquele momento a minha vida não foi mais a mesma, fui invadida por um

desânimo e sentimento de culpa por estar a acontecer aquela situação. Kiami teve que passar a usar óculos com uma graduação muito alta, e foi um tanto difícil a encomenda dessa graduação porque teria que ser encomendada fora de Benguela, sem falar do valor do mesmo (mais valor foi algo que não era importante porque por um filho a mãe faz o que for necessário); a partir daquele dia os meus dias já não foram os mesmos, ver o meu filho com apenas meses de idade a passar por aquela situação quebrou meu coração, toda mãe imagina seu filho sem qualquer situação de saúde, e imaginar meu filho com aquele problema de visão foi algo que deixou meu coração partido. Enquanto aguardávamos pelos óculos aproveitamos as férias e tivemos momentos agradáveis em família, Kiami recebeu muito carinho das avós em Benguela e dos tios, foram momentos maravilhosos e lembranças que guardarei para sempre.

Alguns dias depois os óculos do Kiami havia chegado e após ter o colocado constatei que ele já não via as coisas de muito perto nem assistia a televisão como antigamente, ainda assim meu coração estava quebrado por ver meu filho tão pequeno usando uns óculos com uma graduação tão alta, mesmo assim coloquei minha confiança em Cristo Jesus crendo que tudo iria correr bem e aquela fase passaria. Passando aqueles dias e chegando ao fim das férias eu e Kiami voltamos para Menongue onde residíamos e onde eu trabalhava, e lá vivemos

dias e momentos bons, momentos agradáveis de mãe e filho, era uma rotina de casa, trabalho e igreja e sem muito sitio para onde ir, a cidade de Menongue é uma cidade pequena sem muitos locais para se passear e os locais de lazer eram distante da cidade e sem ter como nos deslocarmos, nossos dias não alteravam muito e assim nossos finais de semana muitas vezes eram em casa, na casa das minhas irmãs e na casa da Mawete, uma jovem que conheci em Menongue, fomos recrutadas juntas na altura que ingressamos para o Ministério do Interior, ela do órgão dos Serviços prisionais e eu do órgão do Serviço de migração e estrangeiro e para nossa surpresa éramos da mesma denominação, portanto passou a ser para mim mais que uma amiga, virou uma irmã que passou a dividir connosco os seus dias e nós os nossos, uma companhia para conversar, além das minhas irmãs que muitas vezes também ajudaram-me com Kiami quando trabalhava em horário noturno. Passando alguns dias Kiami adoeceu ficando com paludismo, algumas febres e falta de apetite, foram dias um tanto chatos que levou-me a ficar em casa para cuidar dele, dias difíceis, mas com a graça e ajuda de Deus conseguimos superar e voltar a nossa rotina normal, foi um grande desafio cuidar dele em uma província desconhecida e longe da minha família, passamos momentos de altos e baixos com algumas limitações, mas seguimos confiantes e com fé em Deus de que tudo iria tomar o rumo certo.

Dia 11 de Janeiro chegou e meu filho estava completando um ano de vida, desenvolvendo bem, já andando, pude dar a ele um dia de aniversário feliz. Como não podia deixar passar em branco, comprei um bolo e na presença das minhas irmãs, do pai do Kiami, da Paula e de alguns vizinhos apagamos as velinhas. Foi um dia bem passado, tranquilo e de satisfação para mim por ter conseguido proporcionar ao meu menino aquele momento do primeiro aniversário e do primeiro bolo.

Como o pai do Kiami residia em outra província onde trabalhava, era somente Deus, eu e ele em casa onde eu aproveitava e desfrutava do papel de ser mãe, nele encontrei um amigo um companheiro que dividia comigo os dias, as tardes e noites, um ser inocente que arrancava o melhor de mim, e transmitia o seu melhor, amor e carinho. Com ele aprendi a desenvolver o papel de mãe 24 horas por dia. Com o meu filho mais velho eu tive essa oportunidade só até aos 3 anos de idade, quando voltou para Portugal por não ter se adaptado ao clima africano, então com o Kiami eu pude aprender na sua totalidade o que era ser mãe a tempo inteiro. E digo que foi um aprendizado maravilhoso cuidar de um ser que carregamos nove meses dentro do nosso ventre é a maior das dádivas que Deus nos dá depois do dom da vida; mas nisso tudo também ouve a carga que me dava com a sua energia, sua boa disposição e seu perfil comportamental. Ele era sem dúvida, por natureza, uma criança alegre, disposta, dinâmica e cheia de energia, não

parava quieto fazendo-me muitas vezes andar atrás dele, nem na igreja parava ou ficava em silêncio e era esse bem-estar do meu filho que dava sentido a minha vida, aos meus dias e momentos de solidão, muitas vezes sem ter onde ir era com ele que me distraía e brincava, foram realmente os melhores momentos de mãe e filho.

Passando algum tempo senti que havia a necessidade de Kiami ir a creche e conviver com outras crianças para desenvolver habilidades na fala e estar com crianças da sua idade, e a creche da "TUTA" foi o lugar onde ele passava os seus dias, onde tinha também atividades próprias para uma criança, enquanto eu ia trabalhar, meu filho usufruía de uma ocupação e só no final da tarde nos encontrávamos novamente em casa, esse era o nosso dia-a-dia de segunda a sexta-feira. Por muitas vezes temia o facto de viver sozinha com o meu filho, paludismo, tensão alta eram problemas que muitas vezes surgiam sem avisar, e muitas vezes mesmo me deixando de cama e sem forças no corpo, mas graças a Deus que sempre trazia a providência na minha vida, e as coisas davam certo. Paula foi uma das pessoas que o Senhor mais usou para me ajudar na província do Cuando Cubango, um anjo em nossas vidas, ela foi sem dúvida uma peça fundamental que Deus colocou na nossa vida, assim como o meu irmão Edgar Alexandre, homem temente a Deus que por muitas vezes mesmo sem entender, ele me ligava e orávamos por mim e por meu filho, assim foi por muitas e muitas vezes, mesmo sem entender ligava-me,

pedia-me para que ungisse a casa, colocasse-o no colo para orar, Deus permitiu que assim fosse até ao dia que tudo foi consumado, e foi mais adiante que entendemos a razão na qual o Senhor usava Edgar para orar pelo Kiami, Deus realmente é perfeito em tudo que faz, ele permite situações na nossa vida que só mais tarde nos explica e assim foi na minha vida, mas com relação a toda história lá na frente vocês saberão.

A Gravidez Inesperada

Foi em Abril de 2019 que passei a sentir algo estranho em mim e no meu corpo, sonos estranhos, muita vontade de comer e a menstruação atrasada foram uma das situações que me deixaram preocupadas até que decidi ~~então~~ fazer um teste de farmácia e foi Mary Lopes minha colega do serviço de migração e estrangeiro que me acompanhou para fazer o exame, e minhas suspeitas foram confirmadas estava grávida, o medo se instalou e a pergunta ficou viajando nos meus pensamentos: "e agora, como pode um filho nessa altura do campeonato, se o Kiami só tem ainda um ano e três meses?" Também entendi que quem anda na chuva molha-se, mas na verdade tudo fazia parte de um propósito, nada acontece por acaso, Deus tem um plano para todas as coisas, e foi mais adiante que entendi o motivo e o propósito daquela gravidez inesperada e não planejada. O medo do que as pessoas fossem dizer, o receio do que a minha mãe, meus irmãos fossem achar da gravidez tão prematura deixava-me preocupada e sem saber o que fazer muitas vezes mesmo desanimada, o pensamento de abortar foi algo que Satanás havia plantado na minha mente, mas o temor a Deus e o conhecimento de que estava a fazer algo contra os princípios divinos me deixava mais ainda traumatizada, o pouco conhecimento da Palavra foi uma mais-valia para a minha vida naquela momento, então entendi que nada acontece sem que Deus

permita e se aconteceu a gravidez por foi por algum motivo. Em uma conversa com o pai de Kiami decidimos seguir com a gravidez, que nasceria o Eliézer. Uma gravidez que a princípio estava a correr bem, sem problema algum até ser detetado que era de risco: cólon aberto e tensão alta foram as maiores preocupações encontradas pelo médico cubano que me acompanhou na clínica do Cuando Cubango. O Dr. Pedro foi muito prestativo e cuidou muito bem de mim e do meu bebé até ao momento que tomei a decisão de embarcar para Portugal, e por conta da gravidez de risco tive que ficar de repouso indo para o trabalho um dia sim, um dia não e muitas vezes só após uma semana.

E assim fui levando a gravidez avante com o meu Kiami sempre do meu lado, e, mesmo sendo uma criança inocente, prestava atenção na mãe. Enquanto ele ia para a creche meu dia-a-dia era ficar em casa a descansar, longe de barulho e com as pernas no alto. Foi assim durante os três meses de repouso que estive em Angola antes de viajar para Portugal. Graças a Deus ao contrário da gravidez do Kiami, essa foi bem mais tranquila fora os problemas que apresentava. Conseguia comer, beber, e não emagreci nada, e durante muito tempo consegui dar conta de cuidar do meu filho no Cuando Cubango e na passagem que tivemos por Luanda para tratar a documentação da nossa viagem. Durante todo esse tempo Kiami esteve sempre bem-disposto e sem qualquer problema visível aos nossos olhos. Partimos para Portugal.

O Inesperado Regresso A Portugal

Foi no dia 17 de julho de 2019 que embarcamos para Portugal. Foram oito horas de viagem tranquila sem qualquer constrangimento ou alteração no meu estado. Graças a Deus o Kiami colaborou o tempo todo e mesmo sendo uma criança muito ativa soube estar tranquilo e aproveitar a viagem, como se ele já entendesse e soubesse que precisava ficar quieto para me facilitar. Após as oito horas de viagem finalmente chegamos, cansada de tanto estar sentada e já fruindo de uma barriguinha um tanto desenvolvida fizemos o desembarque sem qualquer dificuldade, porém foi muito cansativo ter de percorrer uma certa distância da saída do voo até a sala de desembarque para pegar as malas carregando o Kiami e Deus, como sempre, providenciou ajuda enviando alguém que generosamente ajudou com as malas até a saída do aeroporto. Conseguimos desembarcar e ir rumo à nossa casa.

Um novo tempo começou na minha vida, e nada melhor do que estar no aconchego da nossa família, poder partilhar momentos, sejam eles quais forem, isso já faz toda diferença na nossa vida. O carinho da mãe, dos filhos e irmãos era tudo que precisava naquele momento. Kiami e eu fomos bem recebidos a alegria do meu primogénito ao ver-nos foi sem dúvida algo que alegrou o meu coração.

Na semana a seguir a nossa chegada a rotina de consultas e vigilância pelos médicos havia começado e por estar a enfrentar uma gravidez de risco, devido a tensão alta, tive que ficar de repouso sem poder fazer muitos esforços e estar o mais descansada possível e com ajuda da minha mãe e os meus irmãos que cuidavam e tratavam do Kiami era possível cumprir as orientações dos médicos. Foram dias de muitas consultas e exames, muitas idas e vindas do hospital para casa. Dentre todas essas rotinas o mais satisfatório para mim era ter o Kiami me vigiando cada vez que estivesse a descansar, mesmo estando muitas vezes a brincar ele lembrava-se da mim e ia me ver no quarto vezes sem conta. A nossa cumplicidade era algo mais além do que mãe e filho, era uma amizade de amor, de amigos, uma intimidade sem igual.

Durante várias noites consecutivas o meu filho acordava de noite chorando, como ainda não falava, ficávamos preocupados sem saber o porquê. Minha mãe sem saber o que fazer ficava aflita comigo até que ele se acalmava. Algumas vezes, ainda mesmo sem saber o porquê do choro, calculava que poderia ser uma possível dor, metia um supositório e notava que ele se acalmava e dormia. Foi assim durante algumas noites até que mais uma vez notei que alguma coisa estranha se passava com o olho dele, várias vezes ao despertar ele não conseguia olhar para a luz e até mesmo abrir os olhos, a cor do seu olho esquerdo ficava as vezes acinzentado e outras avermelhado. Isso me deixava muito preocupada

e aflita, sem saber o que se passava com o seu olho, até que decidi marcar uma consulta numa médica particular que receitou somente uns novos óculos com uma graduação diferente da que ele já usava. Kiami passou a usar os novos óculos e apenas em algumas semanas tudo ficou normal e eu pude então descansar um pouco, (só que o que eu não sabia é que as coisas ainda estavam para tomar outro rumo).

Enquanto isso as minhas consultas de gestante continuavam e o estado da minha tensão deixava os médicos preocupados. A tensão subia constantemente e a recomendação de repouso foi redobrada eu teria que vigiar a tensão todos os dias e estar a base de medicação para não prejudicar a mim e ao bebé e assim foi durante quase toda a gravidez. Já com 7 meses (30 semanas de gestação) a situação com o olhou do Kiami agravou e tive mesmo que levá-lo às urgências no hospital Beatriz Ângelo para ser visto por um médico oftalmologista que pudesse me dizer ao certo o que se passava. Eu não conseguia entender o porquê de tudo aquilo. Após ter sido visto e examinado pelo médico, ele marcou uma nova consulta para o dia 30/10/2019 com outra doutora que tem por nome Ana Almeida (a doutora que tudo fez pelo meu Kiami até descobrir o que o afligia). Enquanto esperávamos esse dia chegar tudo aparentemente parecia estar bem, Kiami ficou bem tranquilo brincando com os primos e eu consegui descansar durante um tempo pensando sempre no que se estava a passar, o porquê de

tanta tribulação (que na verdade estava somente a começar).

Depois de alguns dias e já com 35 semanas de gestação, era 2 de outubro de 2019, o dia começou bem para nós, lembro-me que havia comido algo doce, algo que não comia na gestação por não sentir vontade devido ao mal-estar, no final da tarde comecei a sentir uma pequena dor debaixo ventre que me deixava inquieta e desconfortável. Tentei descansar, mas a dor ía aumentando, até que então informei a minha mãe o que estava a sentir, e ela pediu-me para ligar para a linha de saúde 24h e explicar o que estava a sentir e receber então algum auxílio médico. Liguei, expliquei e a enfermeira em linha chamou a ambulância pedindo para me dirigir ao hospital mais próximo da área de residência que era o hospital Beatriz Ângelo, após ter chegado no hospital acompanhada pelo meu irmão, fui direto para a triagem e pediram que aguardasse. Enquanto esperava, o mal-estar continuava a dor no baixo-ventre persistia, passando meia hora, mais ou menos, fui chamada para o gabinete dos enfermeiros, fui examinada e mediram-me a tensão arterial constatando que estava muito alta. De seguida fui para o gabinete do médico, onde sentada diante do mesmo, comecei a sentir-me mal, a minha visão alterou e eu naquele momento passei a ver diante de mim dois médicos enquanto só lá estava um. Baixei a cabeça querendo me deitar para ver se me sentiria melhor, o médico olhando para mim pediu aos

enfermeiros e auxiliares que me levassem imediatamente para a maca na sala de parto, e lá fui ligada as máquinas para que a minha tensão fosse medida e controlada. De 5 em 5 minutos o medidor disparava medindo a minha tensão, e foi exatamente assim a noite toda.

A partir daquele momento passei a ser medicada e posso vos dizer que não me recordo de ter pregado devidamente os olhos naquela noite. Os médicos e enfermeiros entravam de hora em hora por causa da tensão que continuava a subir, foi me dado qualquer coisa que ajudou-me a fechar os olhos e dormir por alguns instantes. Quando despertei olhei para o relógio e dei conta que dormira sem dar por mim, eram 9 horas da manhã quando a doutora entrou pela porta da sala adentro olhou para as máquinas muito atenta, olhou para mim e saiu. Passando três minutos ou nem tanto voltou e pediu que me levassem para o bloco e chamassem o anestesista de serviço. Lembro-me dela ter me dito que teriam que fazer uma cesariana eletiva urgente por pré-eclampsia e para não piorar a situação por conta da tensão arterial que não parava de subir.

Já no bloco as enfermeiras colocaram-me sentada para que fosse aplicada a anestesia, enquanto a anestesista preparava tudo, uma enfermeira falava comigo para que eu ficasse descontraída. Fui monitorizada com elétrodos para o registo da frequência cardíaca, colocaram-me um sensor no dedo para registo da

percentagem do oxigénio no sangue, uma braçadeira para o registo da minha tensão arterial e todos esses sensores apesar de aparatosos não me causavam dor nenhuma. A anestesista fez a desinfeção nas minhas costas com um líquido frio, após ter apalpado a zona lombar foi-me então aplicado a injeção, confesso para vocês que senti dor mesmo já tendo passado por essa experiência duas vezes. Minutos depois comecei a sentir calor, formigueiros e peso nas pernas, deixei de conseguir mexer os membros desde os pés até a cintura, a anestesista perguntou como eu estava e se sentia alguma coisa da cintura para baixo, e respondendo que não a doutora começou então a fazer a cirurgia que levou mais ou menos 2h30.

Exatamente às 11h56 do dia 03/10/2019 que Eliézer veio ao mundo com 35 semanas, pesando 2,190kg, 44,5 cm de comprimento e 32,5 cm perímetro cefálico. Quando foi retirado de mim não se ouvia choro de bebé dentro da sala, Eliézer nasceu prematuro e por conta disso foi realizada aspiração e ventilação com pressão positiva. Passado cinco minutos ouvi o meu bebé a chorar pela primeira vez sem poder lhe ver. Depois de tratarem dele, Eliézer foi levado até a Neonatologia onde ficou na incubadora. Enquanto isso e ainda no mesmo lugar eu era tratada, conseguia sentir e ouvir tudo o que se passava dentro da sala, foram cerca de meia hora a mais dentro da sala, até que a Dra. disse-me que estava a limpar aonde o bebé havia saído e que de seguida iria começar a cozer. Passando

alguns minutos comecei a me sentir sonolenta e a ouvir a voz dos médicos muito distante, consegui entender que havia sido medicada e que tinham me dado alguma coisa para dormir (na verdade era o efeito da medicação da tensão). Lembro que quando despertei já estava em uma outra sala (Recobro) para ser vigiada durante duas horas, sem capacidade física alguma, não conseguia sentir os meus pés, nem os mexer. Sentia-me como alguém que estivesse a apanhar um AVC porque nem falar conseguia, sentia como se a minha boca estivesse torta. Pensei mesmo que fosse morrer, a aflição tomou conta de mim porque não sabia o que se estava a passar, queria urinar e não conseguia. Comecei a sentir frio até que apareceu um enfermeiro que me explicou que haviam me dado uma dose muito forte da medicação da tensão para estabilizar porque estava a subir cada vez mais, e que por esse motivo estava a me sentir daquele jeito.

Naquele momento, aflita e sem nenhum familiar comigo, lembro que chorava e que a única coisa que fazia era clamar pela ajuda de Deus no meu interior. Algum tempo depois comecei a sentir o efeito da anestesia a passar e então senti a dor da Cesariana, uma dor horrível e insuportável. Gemendo de muita dor e sem muita reação para falar por conta da medicação, que era muito forte, pedia somente a Deus que tudo aquilo passasse e por outro lado não sabia onde estava o meu bebé e o porquê de ele não estar comigo. Minutos depois o enfermeiro veio

ter comigo dizendo que iriam vir colocar-me sentada para avaliarem a minha reação após a operação, (digo-vos que ter passado por cesariana foi a pior experiência da minha vida ainda mais ter de enfrentar na altura o problema enorme na tensão alta que dificultou todo processo desde o princípio e o final da gestação). Então os enfermeiros vieram para colocar-me sentada em um sofá, eu teria que fazer um esforço e movimentar-me sozinha, algo que estava muito difícil por conta não só da dor da operação, mas também da medicação da tensão, foi difícil até os enfermeiros conseguirem me por sentada, e quando conseguiram tudo o que eu queria era voltar para a cama porque a dor era muita e horrível. Ainda assim foi necessário estar sentada por quase uma hora, (com tudo que vivi, uma coisa eu aprendi e ficou bem claro na minha mente, que Deus conhece a nossa estrutura e sabe até aonde conseguimos suportar o que Ele permite acontecer nas nossas vidas).

Após ter passado uma hora sentada os enfermeiros novamente vieram e colocaram-me deitada, senti um alívio enorme. Foram duas horas no recobro a ser vigiada pelos médicos e enfermeiros depois da operação, a tensão tinha baixado, os movimentos nas pernas haviam voltado poderia então ir para o quarto.

Posta no quarto perguntei a primeira enfermeira que veio ter comigo quando poderia ver o meu filho, e a única coisa que ela me disse foi que em breve poderia estar com ele. Fiquei

preocupada por não poder vê-lo e saber se estava tudo bem com ele, mas pouca coisa me conseguiam dizer e foi assim durante três (3) dias. Só depois desse tempo e de muito chatear as auxiliares, colocaram-me numa cadeira de rodas e levaram-me para ver o meu filho.

Quando entrei na Neonatologia meu coração doeu, primeiro por ter tido sempre gestações complicadas e depois por ter sabido que o meu filho havia nascido tão pequeno e ter que estar ligado as máquinas e se alimentar através das sondas. A tristeza maior foi saber dos médicos que as fezes do dele vinham com muito sangue, isso rachou meu coração ao meio, ver o meu filho tão pequeno passar por todas aquelas lutas. Eliézer passou a ter que fazer Biogaia (medicamento para estancar o sangue nas fezes), o peso dele oscilava bastante hora subia, hora descia, e a pele muito amarelada. O desânimo invadiu sem dúvida o meu coração, era uma luta atrás da outra e em tudo eu só podia confiar em Deus, só Ele poderia explicar-me o porquê de tudo aquilo estar a acontecer, o que eu não sabia é que o pior de tudo ainda estava por vir.

Uns dias depois de tudo que aconteceu e das más e triste notícias que tive, a recuperação estava a correr bem, o útero havia voltado ao lugar, a tensão estava mais ou menos regularizada, teria que continuar a fazer a medicação e a ir às consultas. Depois de toda avaliação médica tive alta e já poderia ir para casa, mas meu filho teria que ficar ainda no hospital e na incubadora sem data ainda para alta fiquei triste por ter que lhe deixar e ir para casa sem ele, mas sabia que ele seria bem tratado no hospital e também poderia ir vê-lo todos os santos dias; por outro lado alegrei-me por sair do hospital e poder ir para casa e estar com a minha família, principalmente com os meus filhos Miguel e Kiami.

Já em casa no seio familiar recebi o carinho do meu anjo Kiami que primeiro parecia estar estranho comigo, pois ficou quase que duas semanas sem me ver, mas depois rendeu-se e colou a mim. Descansar no seio familiar, comer a comida da mama e estar com os meus filhos já amenizou a tristeza que havia em mim por ter voltado para casa sem Eliézer.

Um vazio a menos havia dentro de mim, dois dias depois de estar em casa e ter descansado e mesmo com a dor da cesariana ía para o hospital ver meu filho. Meu primo sempre que podia levava-me de carro até ao hospital e quando não podia eu tinha mesmo que me deslocar de transportes públicos para ir ver o meu bebé, tratar e estar com ele durante quantas horas quisesse. E assim foi a minha rotina durante dias, entre idas e vindas do hospital fui ficando mais forte, e sem ter como não acontecer a dor da operação ía estacando de tanto esforço físico que tinha que fazer para ir ver o meu bebé. Cada dia no hospital era uma notícia a receber do estado clínico do Eliézer, havia dias altos e dias baixos, dias que as notícias eram

desagradáveis de se ouvir e outros que a alegria fluía em meu coração, mas todos os dias coloquei nas mãos de Deus e pedi a Ele que tomasse o controle de todas as coisas na minha vida e de tudo que estava a viver (na verdade eu estava na escola a ser preparada fisicamente para o que ainda estava por vir).

Nessa altura de muita luta falando com a minha amiga Patrícia (Isabel Yeshua) ela convidou-me para ir à igreja que ela cultuava para ouvir a palavra de Deus, aceitei o convite e passei a ir para a igreja, onde, ouvindo a Palavra fui me fortalecendo no Senhor, e conheci pessoas que me abraçaram e me apoiaram. Dentre elas, Deus me apresentou a irmã Teresa Ivaz que foi quem me buscou na estação do metro para levar-me até a igreja. Na altura ainda com muitas dores por conta de operação a irmã Teresa foi um apoio muito grande não só naquele momento como também em muitos outros dias. Posteriormente, quando as minhas irmãs não podiam, ela ficava com o Eliézer como se fosse filho dela.

Certo dia em um domingo na igreja o Espírito Santo usou o pastor Marcos Shallom que orou pelo Eliézer e determinou que quando eu fosse no hospital no dia seguinte vê-lo, ele não estaria na incubadora e já estaria curado em nome de Jesus. Cri naquela Palavra e recebi com toda minha fé crendo que Deus e os seus anjos agiriam na vida do meu filho e assim aconteceu, no dia seguinte, segunda-feira, quando fui ver o

Eliézer, para minha alegria ele já não se encontrava na incubadora, havia aumentado o peso, já se alimentava perfeitamente, e o sangue nas fezes tinham terminado, com isso os médicos diziam que em breve ele poderia ir para casa porque tudo estava a correr bem. E assim foi até o dia 31 de outubro.

Enquanto isso Deus chamou a minha atenção para o Kiami que já estava com consulta de oftalmologia marcada para o dia 30 daquele mesmo mês. Até então tudo estava bem com o Kiami, ele não tinha queixa de nada, até irmos à consulta e ter se descoberto então o que mudaria a minha vida por completo.

O Câncer

Dia 30 de Outubro de 2019 chegou, o dia em que estava marcada a consulta do Kiami no Hospital Beatriz Ângelo com a Dra. Ana Almeida, dia em que a minha vida mudou completamente sem que eu tivesse uma única explicação. Era uma quarta-feira e como teria que ir ver o Eliézer, levar o Kiami à consulta no mesmo hospital, pedi ao meu irmão Patrick que fosse comigo para depois da consulta voltar com o Kiami para casa enquanto eu fosse ver o bebé que se encontrava na Neonatologia.

Chegando no hospital fomos atendidos na triagem e posteriormente pela médica que passou a fazer exames no olho do Kiami com algumas máquinas. Usando a primeira máquina a médica disse-me que teria que fazer outro exame para verificar bem o olho do Kiami, onde foi feito uma eco grafia (algo que eu nem sabia que se poderia fazer). Depois dela a médica tornou a dizer-me que teriam que fazer outro exame para poder ter certeza do que ela estava a suspeitar. No último exame, que foi uma filmagem, eu pude ver através do ecrã que realmente havia uma mancha enorme por trás do olho esquerdo dele diferente do olho direito. Nesse momento havia médicos e enfermeiros na sala e aquilo deixava-me preocupada, o silêncio e o sussurrar entre eles deixou o meu espírito aflito, sem nem sequer imaginar o que estava por vir saímos da sala de exames, a médica pediu-

nos que aguardássemos até ela nos chamar no seu gabinete. Eu estava prestes a receber a pior notícia de toda minha vida que mudaria tudo. Alguns minutos se passaram e a médica chamou-nos no gabinete, assim que entramos a Dra. virou-se para mim e disse: *Mama o Kiami corre risco de vida, vocês precisam ir para Coimbra o mais rápido possível ou o ele pode morrer.*

Naquele momento perdi completamente o raciocínio, a minha mente parou por instantes, lembro-me somente de perguntar a Dra. o porquê do meu filho estar a correr risco de vida e o que se estava a passar? Então ela me respondeu que o Kiami estava com um tumor maligno designado por Retinoblastoma Unilateral e Intraocular no olho esquerdo estádio e, que se demorasse mais um pouco o tumor saía para o exterior e o levaria à morte.

A minha primeira reação foi perguntar a Deus o que se estava a passar, o porquê Dele permitir eu sair de uma guerra que foi o nascimento do Eliézer via cesariana e toda a complicação que vivi, o bebé na incubadora, eu sem ter ainda descansado de toda a dor que é o parto e agora aquela notícia que nenhuma mãe quer ouvir: O QUE SE PASSA AQUI DEUS? Perguntei no meu interior. Lembro que na altura ouvi a Dra. dizer que teríamos que ir para Coimbra na segunda-feira para o Kiami ser analisado pelo Dr. Guilherme Castela. Voltei a realidade, olhei para o meu filho, olhei para a Dra. e disse-lhe que nunca havia ido para

Coimbra, que não conhecia ninguém que morasse lá e como iria fazer para me deslocar para lá com o meu filho, sendo que tinha um bebé recém-nascido na incubadora que nem do hospital tinha saído ainda depois de tanta luta que viveu. Fiquei sem forças e tudo que eu conseguia fazer naquele momento era chorar e fazer mil e uma perguntas a Deus e todas elas sem respostas. A Dra. Ana Almeida, que foi uma bênção na nossa vida, tranquilizou-me e disse que o hospital trataria de todas as coisas para a nossa viagem à Coimbra, tudo o que eu precisava fazer é estar preparada com o Kiami na segunda-feira, dia 4 de novembro, pela manhã e levar a carta dirigida ao Dr. Guilherme Castela - médico oftalmologista em Coimbra. Depois de pegar a carta, saí da sala da Dra. e informei ao meu irmão Patrick o que estava a se passar, ficando sem reação. Lembro que o meu irmão olhou para o Kiami e lhe pegou ao colo, nisso me dirigi até a janela do hospital e liguei para a minha mãe, que se encontrava em Angola desde o dia 23 de outubro daquele mesmo ano. Mesmo sendo eu a mãe do Kiami dar a notícia para a minha mãe sobre o estado dele foi a pior das missões para mim porque eles tinham uma amizade muito boa de avó e neto, eram amigos e muito chegados, e não seria fácil para ela saber que estava longe sem poder fazer nada, pois dada a situação a nível mundial por conta da pandemia não poderia se deslocar para Portugal. Pedi ao meu irmão para levar o Kiami para casa enquanto eu fosse visitar o Eliézer que estava na

Neonatologia já fora de perigo, aguardando somente os dias para ir para casa.

Depois que eles foram embora passei a ligar para os meus irmãos dando-lhes a conhecer o estado de saúde do Kiami. A notícia sobre o câncer foi um balde de água fria para a minha família, naquela altura as minhas irmãs começaram a organizar-se para ajudarem-me visto que teria de estar com o Kiami em Coimbra na segunda-feira, pois cada uma delas tinha as suas coisas para fazer e cuidar de um recém-nascido não estava nos seus planos. Naquela semana a minha prima irmã estava prestes a chegar de Angola para ir ter o bebé dela em Portugal e isso foi a maior providência de Deus naquele momento para a minha vida, pois ela prontificou-se a ajudar com o Eliézer, que por conta da situação do irmão teve alta no dia a seguir a descoberta do câncer. Assim que cheguei a Neonatologia tive as enfermeiras a volta de mim me dando forças devido a situação do Kiami, a médica em serviço veio falar comigo dizendo que o bebé já estava fora de toda situação delicada que ele enfrentara na incubadora, estava pronto para ir para casa e que precisaria somente de cuidados por ser prematuro e carecia de estar em locais quentes para seu melhor crescimento. No dia seguinte, dia 31 de outubro, o Eliézer foi para casa onde encontrou as condições necessárias para o bem-estar dele.

A partir daquele dia posso dizer que entrei em um campo de batalhas onde diariamente teria que matar um gigante para me manter de pé, algo que foi possível somente com a busca ardente de forças em Deus, pois digo que sem Deus não estaria aqui nesse momento a contar-vos toda a minha história com o anjo Kiami.

Na segunda-feira, pelas 5h30, os serviços de ambulâncias tratado pelo hospital Beatriz Ângelo foram a nossa busca em casa para levar-nos ao serviço de Oncologia Pediátrica do Hospital Pediátrico de Coimbra aonde iríamos nos encontrar com o Dr. Guilherme Castela. Foram 1 hora 53 min, 176.39 km de distância de viagem tranquila e diante de tudo a inocência do meu Kiami que não sabia o que se estava a passar. Eu olhava para ele e via aquele sorriso puro, a alegria e boa disposição de uma criança inocente. Muitas vezes tive que me fazer forte e não chorar a frente do meu filho para que ele não apercebesse. Assim que chegamos no hospital com malas feitas fomos dirigidos até a sala de espera, onde aguardamos até sermos encaminhados para o internamento onde ficaríamos por dois (2) dias. Fomos bem atendidos pelas enfermeiras de serviço naquele dia, nos apresentaram o quarto, forneceram-nos a bata de internamento para o Kiami, e nos informaram que na parte da tarde ele seria visto no bloco pela equipe do Dr. Guilherme Castela para fazerem então o estudo de como iriam retirar o câncer.

Kiami foi seguido em consulta de Oncologia Pediátrica por diagnóstico de Retinoblastoma Unilateral Esquerdo (Grupo E), observado pela primeira vez ele tinha 21 meses por clínica de elocutória esquerda com vários meses já de evolução, a RMN (Ressonância Magnética Nuclear) das órbitas no dia 4/11/2019 diagnosticou com Buftalmia do olho esquerdo e a nível endocraniano sem qualquer alteração. Foi também diagnosticado que o crânio de Kiami tinha configuração dolicocefalia, uma má-formação do crânio do bebé devido ao fecho prematuro de uma ou mais suturas. Entrei no campo de batalha. A tristeza no meu coração consumia-me, as muitas perguntas a Deus do porquê de tudo aquilo estar a acontecer. Foram inúmeras perguntas sem respostas e um vazio enorme.

Um tempo depois, já instalados, a enfermeira veio ter connosco para nos informar que a hora que estava marcada para o Kiami ir para o bloco tinha sido alterada porque antes dele estava uma menina de nome Miriam para ser vista, que estava atrasada e que teríamos que aguardar com paciência até sermos chamados, mais para o início da tarde.

Passado algumas horas entra no quarto em que estávamos uma jovem com seus vinte e poucos anos, e juntamente com ela uma menina de mais ou menos dois (2) anos de idade, que teria sido também operada da Retinoblastoma no olho esquerdo, onde lhe foi retirado o olho.

Aquela menina era a Miriam que estava acompanhada da sua irmã e mãe Emanuela Chiloia, duas guerreiras que Deus colocou no meu caminho para me fortalecer diante de tudo que eu estaria prestes a enfrentar. Quando olhei para a Miriam e vi que ela estava sem o olho esquerdo meu coração perfurou, meu ânimo ficou totalmente em baixo, eu me perguntava por que uma criança inocente teria passado por aquilo?! Foi então quando Emma se apresentou, dizendo que eram angolanas que estavam em Portugal -Coimbra - a cerca de dois (2) anos porque a Miriam foi diagnosticada com um câncer no olho esquerdo ainda pequena, e como eram órfãs de mãe ela teve que deixar a filha e os irmãos mais novos em Angola para dar assistência a Miriam ainda muito pequena. Aquilo para mim foi algo que me deixou sem ação sabendo que diante daquela situação Emma teve que deixar para trás a sua filha para socorrer a sua irmã mais nova. Naquele instante dentro de mim eu disse: Deus que situação que essa jovem vive. Naquele momento agradeci a Deus por ter trago a Emma e a Miriam naquele quarto e ver como elas eram fortes independentemente de tudo que estavam, e teriam vivido sem a mãe.

Miriam era e é uma criança completamente alegre e essa é sem dúvida uma das melhores vantagens, ver as crianças sempre alegres, brincando e bem-dispostas independentes de toda luta e de todo desconforto que passavam por conta do câncer, creio que isso dava e dá forças a qualquer mamã

para avançar com fé apesar da dor e aperto no coração por ver o filho(a) passar por uma situação tão sem nome possível.

Após contar um pouco da sua história Emma perguntou o que tinha Kiami, foi então que lhe expliquei que ele estava com um câncer maligno no olho esquerdo que somente a semanas tinha sido diagnosticado, que estávamos no hospital para Kiami ir ao Bloco e ser visto pelo Dr. Guilherme para então marcarem a operação. A partir daquele momento Emma foi boca de Deus na minha vida e creio que nem ela se apercebeu do tamanho poder que vinham das palavras dela, palavras de FORÇA E MUITA CORAGEM. Fui abraçada por aquelas palavras e uma paz invadiu o meu interior, a fé e confiança em Deus, as lágrimas que rolavam em meus olhos foram limpas e a certeza de que tudo iria correr bem foi mais forte que a tristeza que foi arrancada naquele momento. Olhei para o Kiami que estava a dormir e disse em meu interior: TUDO VAI DAR CERTO!

Horas mais tarde as enfermeiras vieram buscarmos para levar-nos então até o Bloco, assim que chegamos foi-me feito algumas perguntas acerca do estado dele desde o dia que foi descoberto o câncer até a data presente, após assinar o termo de responsabilidade e tirar todos os pertences de metal que tinha comigo fomos a sala para ele ser anestesiado antes de entrar no Bloco. Eram cerca de cinco a seis enfermeiros a volta do Kiami. Enquanto preparavam as

máquinas para anestesiá-lo, ainda perto segurei no meu filho, que estava deitado, beijei-lhe dizendo que estaria sempre com ele, e fui conversando enquanto colocaram-lhe a máscara de oxigénio para adormecer. Ele foi levado para o Bloco, onde ficou cerca de 2h e alguns minutos, na observação do fundo ocular sob anestesia. Segundo diagnostico médico, o HP apresentava córnea transparente, camara anterior límpida, iris em midríase media fixa, vítreo turvo, descolamento bolhoso com massas retinianas e alterações vasculares.

Enquanto o meu filho estava a ser examinado fui andando pelo hospital pedindo a Deus pela vida do Kiami. As horas, os minutos pareciam não passar e eu ficava cada vez mais aflita sem saber o que se estava a passar no Bloco. Por muitas vezes entrei, saí e andei sem destino dentro do hospital, a dor, a tristeza e o não ter com quem falar naquele momento me consumia, mas a certeza de que Deus estava comigo me trazia fé de que tudo iria correr bem. Aproximando-se a hora que me tinha sido dada para comparecer na sala de espera que dava acesso ao recobro depois de sair do Bloco fui para lá. Posta lá mal sentei-me quando a enfermeira chamou-me dizendo que já poderia entrar para ver o Kiami. Assim que entrei deparei-me com o meu filho deitado no berço ainda sobre o efeito da anestesia, sentei-me ao lado num cadeirão, segurei nas mãos do meu filho, foi então que minutos depois aproximou-se de mim um senhor e uma senhora, eram o Dr.

Guilherme Castela e a Dra. Madalena. Eles vieram falar comigo acerca do estudo que foi feito para terem então a conclusão de como estava a situação do câncer, e como haviam de retirá-lo. O médico perguntou-me como eu estava, e também se eu sabia o que se estava a passar com o Kiami, eu disse-lhe que sabia que o meu filho tinha um câncer no olho esquerdo, e que teriam de operá-lo para salvar-lhe a vida. Então o Dr. me perguntou se eu sabia como iria ser retirado o câncer, se eu sabia como seria feita a operação, e eu claro, disse que não sabia porque nunca havia passado por uma situação igual. Confesso-vos que na minha mente a operação seria a mais simples possível, que fossem simplesmente colocar um tubo ou aparelho no nariz, ou em alguma parte do corpo do meu filho para puxarem o câncer, mal sabia eu o que estava prestes a ouvir da boca do médico. Minutos depois o médico olhando para mim disse que teriam, que tirar o olho do Kiami para retirarem o câncer e salvar-lhe a vida; olhei para os médicos, que estavam também com olhos fixos em mim, olhei para o meu Kiami, que ainda estava adormecido e as lágrimas foram inevitáveis. Aquela notícia foi como se o mundo desabasse todo em cima de mim, comecei a viajar em meus pensamentos perguntando para Deus como é que teriam que tirar o olho do meu filho, como se o meu filho nasceu bem, saudável e de repente vê-lo sem um olho, porquê? Com os olhos cheios de lágrimas olhei para os médicos que com olhar de compaixão acalmaram-me, e

pediram para ter força, pude sentir o conforto em meus ombros, as mãos da Dra. que olhando para mim disse: *tudo vai ficar bem, vamos fazer o nosso melhor para que o Kiami fique bem.* as infelizmente nada que me falassem naquele momento mudaria o que eu estava a sentir por dentro, meu coração despedaçado, a sensação de que tivera falhado em algo nos cuidados do Kiami para tudo aquilo estar a acontecer, sem nem sequer uma, explicação, porquê?

O porquê foi meu companheiro durante meses. Nenhuma mãe sabendo e tendo a noção que quando trouxe o seu filho ao mundo tudo estava perfeitamente bem, nenhuma mãe sabendo que saiu do hospital com a resposta dos médicos e os exames de que tudo ia bem com o seu filho, e de repente ao longo do crescimento surge um câncer aceita de qualquer maneira. Foi preciso ter Deus ao meu lado, mesmo não lhe vendo para suportar e gerir na mente todo aquele processo confuso. A minha mãe em um país distante, uma cesariana recente e um bebé recém-nascido que teve que ser deixado aos cuidados das tias para dar suporte ao irmão, sem esquecer o meu filho mais velho que também precisava de atenção e entender o que se estava a passar com o irmão, era muita coisa para processar e só com a ajuda de Deus consegui me concentrar, colocar os pés bem assentes na terra para gerir tudo que ainda estava por vir. A fé na palavra de Deus me trouxe conforto.

Ainda no recobro e já sozinha com o Kiami, que ainda dormia por conta da anestesia, sentada ao seu lado e viajando nos meus pensamentos vivi a mais linda experiência com Deus. Diante de tudo que se estava a passar e em meio ao silêncio ouvi a voz de Deus nitidamente na minha mente me dando a resposta da pergunta que eu tinha feito: *como o Kiami estaria sem um olho?* Deus me levou em Sua palavra dizendo: *Se o seu olho direito o fizer pecar, arranque-o e lance-o fora. É melhor perder uma parte do seu corpo do que ser todo ele lançado no inferno,* Mateus 5:29. E eu pude entender que DEUS me dizia que não importaria o Kiami estar sem um olho se o mais importante era a vida. Então eu disse para mim mesma que não importaria as condições em que o meu filho ficaria, que com ou sem um olho eu o iria amar do mesmo jeito. Após ter ouvido a voz de Deus e entender que não importava a condição física, mas sim o dom da vida, senti um enorme conforto e forças para prosseguir. Limpei as minhas lágrimas, peguei nas mãos do meu filho que de seguida acordou meio assustado e a chorar, coloquei-lhe ao colo e fiquei com ele até a hora que as enfermeiras foram a nossa busca para irmos para o quarto.

Já no quarto e depois de muitas horas de jejum chegou a comida. Ele comeu bem, ficou mais tranquilo e brincou. A disposição e alegria havia voltado para o seu rosto que passou o resto da tarde bem. Tivemos a visita da Dra. Sônia que ficou a cuidar do Kiami, e a acompanhar-nos durante todo o processo. Ainda naquele mesmo

dia ele fez alguns exames para os médicos verem os níveis e saberem se estaria tudo bem para marcarem então a operação da remoção do câncer.

Depois de muito brincar e porque já era tarde Kiami dormiu tranquilo, enquanto isso eu olhava para o meu filho e me perguntava como tudo aquilo estaria a acontecer com um ser inocente, uma criança cheia de vida e força, me perguntava o que teria acontecido?! Com as luzes do quarto apagadas e sentada no sofá-cama entre muitos pensamentos algo muito além do natural aconteceu. Aquilo foi como se uma voz maior do que a minha e com bastante PODER tivera respondido todas as perguntas que fazia a mim mesma. Naquele momento eu ouvi dentro da minha mente uma voz que me dizia: *Se Eu não permitisse que você engravidasse, a ponto de você sair de Angola, o Kiami iria morrer, sem você entender o porquê.* E automaticamente eu senti uma dor terrível de cabeça, como se algo me tivesse atacado. Só mais tarde percebi que ouvia a VOZ DE DEUS, uma voz suave que nunca ouvira antes; as lágrimas foram inevitáveis e nisso tudo a GRATIDÃO porque naquele momento entendi o porquê de muitas vezes, e muitas delas sem explicação, o irmão Edgar, de quem vos falei lá atrás, ligar muitas pedindo para ungir o Kiami e orar por ele. Pude entender naquela noite que Deus já estava a trabalhar em nosso favor a todo tempo, e que o pior Ele impediu que acontecesse. Entendi que Deus impediu que eu viesse sofrer da pior maneira, ao ponto de você caro leitor não

estar neste momento a ler esse livro e conhecer essa história, se eu perdesse o meu filho de uma forma repentina sabendo que aparentemente ele estava bem; entendi que Deus precisava me preparar e fazer tudo de maneiras a que eu entendesse o propósito. Aquela noite eu pude ver o dia amanhecer, porque não me lembro de ter pregado o olho de tanto que chorava de dor e acima de tudo gratidão a Deus por todas as batalhas invisíveis que eu não via, mas sei que Ele guerreou desde o parto do Eliézer até a descoberta do câncer que consumia o meu filho.

No dia seguinte Kiami acordou bem-disposto, tratei da higiene dele, comeu e brincou na sala dos brinquedos. Lembro que ele fez mais uns exames para sabermos se estava tudo nos conforme para a marcação da operação. Na parte da tarde (foi a tarde ou no fim da manhã?) que recebemos a visita da Dra. Madalena que nos informou que estava tudo bem com os exames e com o olho direito que também tinha sido analisado, que poderíamos ter alta para ir para casa e voltar depois de três (3) dias para a operação. Horas mais tarde recebemos a Dra. Sônia que disse que teríamos alta naquele dia e recomendou cuidado especial com o menino para nada atrapalhar até ao dia da operação. Mesmo diante de toda preocupação com Kiami, que era o foco maior, a Dra. lembrou-se que eu estava com uma recente operação de cesariana e um bebé em casa que também carecia da minha atenção, recebi apoio e atenção naquele momento e na verdade foi assim durante todo o

processo com o anjo Kiami. Ficamos no hospital até a hora do almoço, altura em que vieram informar-nos que já teriam avisado aos serviços das Ambulâncias para levar-nos a Lisboa, cidade onde até ao dia de hoje moro com toda a família.

A data da operação estava marcada para o dia 11/11/2019. A viagem de volta foi tranquila sem qualquer problema. Assim que chegamos em casa Kiami encontrou-se com os irmãos com quem brincou bastante. O ambiente familiar, a presença dos irmãos era tudo que ele gostava. Na verdade, ele era o mais mexido entre os três, o mais reguila, o mais mexilhão e a alegria de casa, onde se fizesse presente havia sempre barulho e boa disposição, diante de tudo aprendi a admirar mais o meu filho. Acredito que por muitas vezes sentia dor por conta da gravidade do câncer que estava dentro dele, mas ainda assim ele não parava. A sua disposição e a sua alegria era o que me mantinha de pé me dando mais forças para junto com ele lutarmos contra aquela maldita doença. Muitas vezes o meu filho abraçava-me dizendo da maneira e na linguagem dele que me amava. Para mim aqueles momentos eram sem dúvida a força de Deus depositada no anjo Kiami para me fortalecer em formas de eu não desmoronar, porque por variadas vezes senti-me no vale totalmente escuro, fazendo-me inúmeras perguntas sem ter as respostas e, na verdade até hoje não as tenho. Foram três dias em casa depois de termos saído de Coimbra, que foram muito tensos. Saber que o meu filho tinha dentro dele algo que poderia

levar-lhe a vida repentinamente assustava-me. Cheguei a pensar que se eu não gostasse de tirar fotografias e não desse conta da bola brilhante que ele tinha no olho esquerdo, que na verdade já era o câncer, o que seria do meu filho? Porque sei que se não desse importância aquela bola brilhante e não me intrigasse tanto o fato dele ver a televisão de muito perto não saberia o que matava o meu filho por dentro.

Existem situações na vida que se diz que é bom ver no outro, porque quando somos nós mesmos a passar por elas conseguimos sentir a dor das outras pessoas e dar o devido valor, e assim foi comigo em todo processo vivido. Por muitos anos só ouvia falar de pessoas na luta contra essa enfermidade horrível ou de pessoas que acompanhavam algum familiar lutando contra o câncer e para ser sincera não sabia nada sobre essa doença, nem a sua origem e do porquê de ela surgir até vivenciá-la.

Durante aqueles três dias em casa os cuidados ao Kiami tinham que ser o mais vigiado possível em formas dele não fazer febres, nem ficar gripado. Aqueles dias em casa foram momentos calmos onde Kiami esteve com os irmãos, brincou e aprontou das dele como se nada se passasse. Tivemos também a visita do pastor Marcos Shallom que, na verdade, foi uma surpresa para nós porque eu estava a espera da irmã Teresa Ivaz que iria visitar-nos e acabou por ir com o pastor e a sua esposa. Foi uma alegria para mim ter em casa e naquele momento difícil

a visita do líder espiritual da igreja em que congregava. O Pr. Marcos perguntou o estado de saúde do Kiami, o que os médicos haviam dito e quando seria a operação. Depois de conversarmos o pastor fez uma breve oração com o ele no seu colo, Kiami estava tão quieto e calmo que nem parecia ele, pois o estado normal dele era de estar sempre a brincar, sempre a saltar e a fazer confusão pela casa, mas aquele dia foi diferente, talvez por não conhecer o pastor e as demais pessoas que lá estavam em casa. Foi um momento de muita gratidão para mim, pois além de receber a visita do homem de Deus vi o meu filho a receber a bênção antes do dia da operação.

Fizemos então as malas, deixamos o Eliézer e o Miguel para voltarmos então a Coimbra. As minhas irmãs tiveram então a missão de ficar com o Eliézer mais uma vez porque eu precisava dar assistência ao Kiami, nisso tivemos também a ajuda da irmã Teresa Ivaz que incansavelmente e sempre que podia se disponibilizava para ficar com o bebé, quando as minhas irmãs não podiam. Deus em sua infinita misericórdia e bondade agiu nas nossas vidas até nos detalhes que só aumentavam a minha preocupação, cuidando e usando pessoas para estarem com o meu bebé enquanto eu dava assistência ao Kiami.

Dia 10 de novembro de 2019 regressamos então para Coimbra onde Kiami foi submetido a operação de remoção do câncer. Os serviços de

Ambulância foi buscar-nos em casa por volta das 8h00 da manhã, tivemos mais uma viagem tranquila. Após termos chegado fomos recebidos na pediatria na área oncológica onde nos direcionaram até o quarto onde ficaríamos antes da operação. Nos instalamos, recebemos todas as informações que precisávamos para o dia da operação e fomos carinhosamente bem tratados pelas enfermeiras de serviço.

A Operação

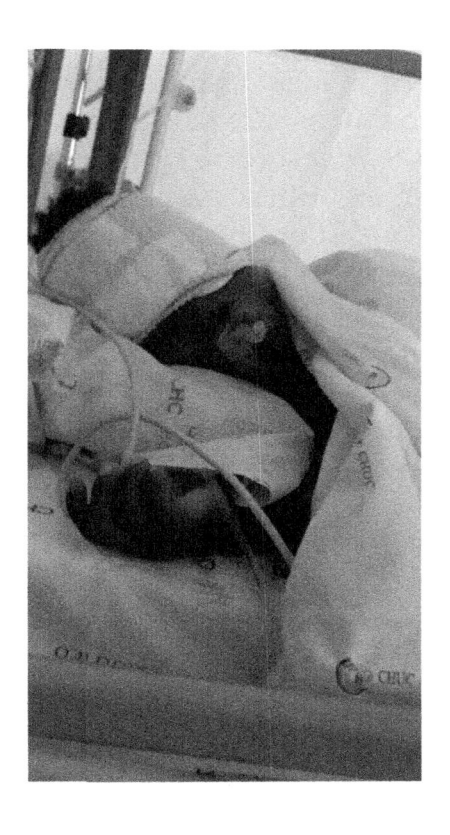

Dia 11/11/2019 Kiami foi submetido a enucleação do olho esquerdo para remoção do câncer designado como Retinoblastoma, que correu sem interferências, os estudos anátomo-patológicos revelaram infiltração do olho e nervo ótico, sem envolvimento das margens do olho, a biopsia óssea não apresentou nenhum

envolvimento por células de retinoblastoma, e o líquido cefalorraquídeo sem envolvimento. Foram de 2 a 3 horas de operação, as piores horas da minha vida, em que tudo que eu queria era trocar de lugar com o meu filho, a solidão, o vazio foram as minhas piores companhias, o meu grito de socorro clamando a Deus pela saúde do meu filho. As lágrimas eram tudo que eu tinha para tirar toda dor de dentro de mim, as perguntas na minha mente não se queriam calar. "Por que?" Era a minha pergunta constante a Deus. Andei várias vezes sem destino pelo hospital, entrava e saia sem ter ninguém com quem falar, até que tudo que me restava e acalmou foi ouvir louvores. Me conectar com Deus por intermédio do louvor acalmou a minha alma por instantes. Passadas as 3h fui para a sala de espera, prestes a sentar-me ouço a porta do recobro a abrir e alguém em voz alta chamar: *"Mamã do Kiami, pode entrar para ver o menino"*. Entrei com o coração nas mãos, Kiami estava deitado ainda sobre o efeito da cirurgia e os olhos vedados, ligaduras a volta de toda cabeça. Peguei nas mãos do meu filho chorando de gratidão a Deus por ele ter saído da sala de operação e tudo ter corrido bem. Tudo que eu queria era pegar-lhe no colo, mas não podia por conta da operação. Passando alguns minutos as enfermeiras da área do internamento nos levaram para o quarto, onde recebemos a visita da Dra. Madalena, médica oftalmologista que estava no bloco operatório, que me informou que a operação havia corrido bem sem nenhum

problema, e que Kiami haveria de despertar somente no dia seguinte por conta da anestesia. Aquela noite voei em meus pensamentos, meu coração estava um pouco mais descansado porque a operação tinha corrido bem, mas a dor de saber que veria meu filho sem um olho não cabia dentro de mim. Aquela realidade matava-me por dentro, pois nesse mundo onde a maldade humana aumenta a cada dia, meu pensamento era em como seria com meu filho na rua, pois durante essa longa caminhada com o Kiami, vi que muitos doentes oncológicos passam por discriminação devido aparência ao longo do tratamento, pois os efeitos colaterais, como a queda de cabelo e a transformação física pela qual muitos passam, ativa os olhares das pessoas e muitas vezes o olhar de pena acredito que dói no coração de qualquer mãe. Infelizmente passei por essa experiência com o Kiami, que ouviu de uma outra criança aos gritos dizendo: "*Ele não tem um olho, ele não tem um olho*", aquilo deixou-me completamente de rastos, mas Deus me deu sabedoria e eu soube contornar aquela situação (esse episódio vocês saberão mais a frente como tudo aconteceu), pois é algo que fica eternizado dentro de nós. Até mesmo em casa me perguntava muitas vezes como seria. Pedi a Deus para me fortalecer e me ajudar a gerir o que estava por vir, pois não estava a ser fácil nem para mim ver o meu filho sem o seu olho esquerdo, mas o pensar que ele estava bem e fora de risco de vida, me deixou

mais alegre e sem me importar com o que estava em falta.

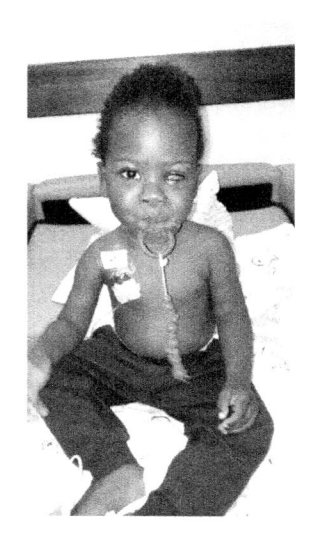

Naquela noite pude descansar um pouco mais tranquila, controlando o Kiami de minutos em minutos e ansiosa para que ele acordasse. No dia seguinte após ter acordado e feito a minha higiene pessoal, pedi a uma enfermeira que pudesse controlá-lo para que eu pudesse tomar o pequeno-almoço, queria estar bem perto quando ele acordasse. Minutos depois e já de regresso ao quarto meu filho ainda se encontrava a dormir, descansei mais um pouco até ao momento que ele se movimentou, chorou, acredito que de desconforto, mas depois conseguiu acalmar-se. Passando algumas horas tivemos a visita da Dra. Madalena no nosso quarto juntamente com uma enfermeira para tirarem a ligadura do olho e

verem como estaria. Meu coração estava aos pulos, no meu interior orava a Deus para não me permitir chorar ao vê-lo sem o olho. Assim que a Dra. foi tirando as ligaduras, cada volta, cada movimento era um aperto no coração, até que toda ligadura foi retirada. Foi um choque a primeira vista para mim aquela imagem do meu filho sem um olho, mas diante de tudo tive a maior surpresa e fortalecimento quando ele olhando para mim deu um o enorme sorriso que removeu de dentro de mim todo o medo e a dor do momento. Ver o sorriso do meu filho me encorajou a enxergá-lo como uma pessoa normal, pois eu mesma tinha receio de como seria minha reação. Kiami abriu o olho esquerdo que tinha por dentro um conformador ocular, e depois de ter analisado o olho dele a Dra. Madalena informou-nos que estava tudo bem. Ainda com os olhos fechados e uma espécie de pasta a volta do olho, peguei o meu filho ao colo, abracei-lhe com muita força pela garra que teve, e pelo seu comportamento, que mesmo sem entender nada, foi corajoso e valente. Tirei-lhe a primeira fotografia depois de ter tirado a venda dos olhos, depois de todo o sufoco, alívio e a sensação de que tudo teria acabado era o mais certo para nós, que não sabíamos o que estaria pela frente.

Depois das fotos, abraços e conversa de mãe para filho, Kiami comeu, e tudo que me chamou atenção foi a disposição, a alegria e o sorriso do meu filho como se nada tivesse se passado. Aquele sorriso e disposição era o que

mais me alegrava, confortava e me dava força; toda aquela força dele me fortalecia em dobro. Tudo iria ficar bem, a certeza da vitória invadia o meu coração. Depois de ter comido e diante de tão boa disposição, levei-o para a sala dos brinquedos onde brincou até a hora de voltarmos para o quarto. No dia seguinte ~~Kiami~~ fez exames, foi visto pelos médicos para verem se estava tudo bem. Ficamos todo o dia no hospital para vigilância, nos foi dito que se tudo continuasse como estava poderíamos ir para casa ainda naquela semana.

Graças a Deus e depois de uma noite bem passada a qual tranquilamente descansamos sem qualquer inconveniência, logo pela manhã recebemos a visita da Dra. Sônia que nos deu boas notícias dizendo que estava tudo bem e que naquele mesmo dia teríamos alta, pois tudo estava dentro da normalidade e Kiami estava super bem-disposto sem qualquer anomalia. Na parte da tarde almoçamos e ainda tivemos um tempo para ele brincar na sala dos brinquedos. E enquanto isso fui fazer as malas para podermos voltar para Lisboa, pois estar em casa era tudo que queríamos, estar com meus filhos era tudo que precisava, pois, Eliézer e Miguel precisavam de mim e do mano ao lado deles.

Algumas horas mais tarde a Dra. Sônia voltou ao quarto para nos entregar a nota de alta e dizer que teríamos que voltar uma semana depois para fazer exames e ver como estava o olho dele. As enfermeiras chamaram a

ambulância para nos levar de regresso à casa. Deixamos o hospital dois dias depois da operação, tivemos uma viagem tranquila de Coimbra a Lisboa, Kiami foi deitado e sossegado até chegarmos em casa. Quando chegamos ele alegrou-se por estar em casa novamente, mas não encontrou os irmãos, porque Miguel estava na escola e Eliézer estava na casa da tia, só passando algumas horas se reencontraram. Foi um momento alegre, ele gritava por ver os irmãos, Miguel ficou meio sem jeito ao ver o irmão sem um olho, fez algumas perguntas e tive que lhe explicar como tudo tinha acontecido e o porquê de ter sido necessário tirar o olho do irmão, após alguns esclarecimentos tudo ficou normal, e novamente se instalou a gritaria e brincadeira dentro de casa. Ver meus filhos juntos independentemente de tudo alegrou e trouxe paz ao meu coração que estava cheio de gratidão a Deus por tudo ter passado, por ter corrido bem a operação, pelo Kiami estar bem e por estarmos de volta em casa. Porém ainda assim teríamos uma jornada longa pela frente, de consultas, exames e muita vigilância para não correr o risco do câncer reaparecer. E assim foi durante alguns meses, foram muitas idas e vindas de Lisboa a Coimbra para consultas e exames até que falando com a Dra. Sônia perguntei-lhe se seria possível sermos transferidos para o IPO de Lisboa, ela disse que teria que saber com o IPO, visto que estavam com um número muito grande de doentes oncológicos e sem vagas, mas que devido o facto

de ter um bebé pequeno, iria fazer o possível para conseguir uma vaga.

Na semana seguinte, dia 25/11/2019, regressamos para Coimbra a fim de termos a consulta de avaliação. Nela a Dra. Sônia explicou-me através de uma imagem de olho o que ocorria ao olho do Kiami quando ainda tinha o câncer, o que poderia ter acorrido durante a operação com relação as células cancerígenas, por se ter tratado de um tumor maligno as mesmas poderiam ter escapado no momento da operação, e originar o regresso da doença, por esse motivo teríamos que cumprir um plano de quimioterapia sistémica após a enucleação. No mesmo dia em que tinha sido operado os médicos colocaram nele o CVC (**Cateter Venoso Central**), também chamado de acesso venoso central, definido como colocação de um cateter com a sua extremidade posicionada na veia superior ou no átrio direito) com reservatório subcutâneo sem quaisquer intercorrerias dando também no início a primeira secção de quimioterapia. E assim foi durante 6 meses. De 4 em 4 semanas, 2 vezes na semana Kiami fazia quimioterapia, que deu continuidade no IPO – Instituto Português De Oncologia em Lisboa, Sete Rios, depois do meu pedido que foi atendido, por conta dos irmãos, principalmente pelo Eliézer, que havia nascido um mês antes da data prevista, e enfrentava, algumas situações de saúde não muito boas e por isso precisava de ter a mãe por perto.

Foram meses de muitos altos e baixos, com um bebé de meses que necessitava de atenção 24h por dia e com e um menino de apenas 1 ano e poucos meses na luta contra um câncer. Só mesmo Deus para ser meu suporte e fortaleza naquele momento. Muitas vezes o corpo enfraquecido, os pensamentos a mil quebravam meu coração, assim eram os meus dias, mas a força e a fé de que tudo ficaria bem permitiram que eu me erguesse. Enquanto isso, graças a Deus, Kiami sempre esteve bem-disposto e brincalhão, que nem parecia estar a passar por tudo que passou, na verdade a única diferença era somente a ausência do olho esquerdo, porque todo o resto ía bem. Os exames e os níveis estavam sempre bons, exceto uma única vez, ainda em Coimbra, que detetou-se uma anemia e tivemos que fazer uma transfusão de sangue ficando mais tempo do que o previsto no hospital. Se não fossem os exames não iria se detetar que ele estava com uma pequena anemia porque nada mudou em sua aparência.

Sinceramente durante todo processo e tirando os dias de quimioterapia e os efeitos colaterais, vómitos e mais tarde a pequena perca de cabelo, meu filho sempre esteve bem. Lembro de uma vez que o Dr. Ximo que nos acompanhava em Lisboa disse que ele era um menino muito alegre e que nem parecia estar a passar por tudo aquilo, e era a mais pura verdade. Em toda energia do Kiami eu encontrava energia para mim também, era como se a missão, e propósito dele fosse me dar forças

para não desmoronar. A verdade é que diante disso me mantive sempre de pé, e foi assim durante meses. As brincadeiras em casa, as gritarias tudo estava de volta. Durante todo aquele tempo tivemos ótimos momentos juntos, não podíamos sair constantemente a rua porque ele-precisava estar bem resguardado em casa por conta das suas defesas, e na altura também estávamos em tempo de frio.

As consultas continuavam assim como a quimioterapia. Mesmo em dias de consultas e tratamentos ele apresentava uma ótima disposição, mas de noite passávamos pelo maior sufoco. Nos dias de tratamento mal dormíamos, ele vomitava durante toda noite e algumas vezes chorava por conta dos efeitos da quimioterapia. Para comer muitas vezes era uma luta porque ele ficava sem apetite todas as vezes que fazia o tratamento, chegando mesmo a fugir da comida. Muitas vezes de noite tínhamos que dormir com sacos de plásticos de lado da cama onde ele vomitava, e quando não dava tempo era mesmo na cama, chegávamos a mudar os lençóis 2 vezes na noite.

Perdi a conta das noites que mal dormia, cheguei a orar muitas vezes pedindo a Deus que estagnasse a pandemia para que as fronteiras pudessem abrir e a minha mãe voltar para Portugal. Momentos duros e difíceis da minha vida em que cheguei a pensar, e me perguntar que mal teria cometido para passar por tudo aquilo, perguntas sem respostas, nem conseguia

entender tudo que se estava a passar. Muitas vezes a dor invadia o meu coração em um nível tão alto que tudo eu que queria era que todo aquele sofrimento acabasse e encontrássemos a paz. As lágrimas eram a forma de tirar para fora tudo que carregava por dentro, sem a minha mãe ao lado para me ajudar (porque havia ficado retida em Angola por conta da pandemia que se instalava no mundo), e algumas vezes sem ninguém para conversar e tirar o que ía dentro de mim, sufocava, e era olhando para os meus filhos que buscava forças para lutar contra toda aquela tempestade e não desmoronar. Tudo estava indo bem, os dias corriam bem, os exames e consultas do Kiami também iam bem sem quaisquer constrangimentos ou alteração nos níveis. Kiami não teve alteração física , a não ser a pequena queda de cabelo que assim que detetei peguei numa tesoura, minutos antes de irmos à consulta, e cortei-o, pois, o que não queria ver e mais temia era exatamente a queda de cabelo. Já bastava toda dor que eu sentia ao vê-lo em sofrimento por ser picado muitas vezes pelo cateter para fazer exames, ou o tratamento de quimioterapia, ver o cabelo do meu filho cair era tudo que não queria, mesmo sabendo que era algo inevitável de acontecer.

As consultas muitas vezes eram demoradas, devido o número elevado de crianças na batalha contra o câncer, sem hora para chegar em casa e torcendo para que todos os exames tivessem bem. Eram assim os nossos dias cada vez que íamos a uma consulta,

enquanto esperávamos ser atendidos ficávamos no pavilhão LIONS onde as crianças e seus acompanhantes, muitas vezes pais, mães e mesmo avós poderiam ficar para brincar, ver televisão, jogar e ou ler um livro. Era um espaço que o IPO reservou para acolher essas crianças batalhadoras e seus familiares para aguardar até serem chamados pelo médico. O espaço é agradável e confortável para se estar, com lanche e almoço, onde as funcionárias do hospital nos atendiam com muito amor, carinho e dedicação; no lado de fora havia um parque infantil onde as crianças brincavam entre elas ou até mesmo com seus pais. Todas as vezes eu brincava com o Kiami, e na oportunidade falava com algumas mamãs que estavam na mesma luta com seus filhos.

Enquanto vivíamos essa rotina de casa, hospital; hospital, casa, Eliézer era obrigado muitas vezes a ficar sem a presença e o cheiro da mãe, amparado pelas tias, pelos primos e o irmão, que incansavelmente cuidavam dele. Era necessário deixá-lo todas as vezes que precisava ir a consulta de rotina ou de tratamento com o Kiami, devido a pandemia que se instalara no mundo. Foram os meses e dias mais incompreensíveis da minha vida, porque foram acontecimentos muito rápidos. Muitas vezes me esquecia de mim e da minha saúde, as dores da cesariana, as consultas pós-parto e da tensão ficavam para segundo plano ou caíam no mar do esquecimento. Com tantos pensamentos a borbulharem dentro de mim, mesmo sabendo

que precisava me tratar para poder estar firme, e continuar naquela batalha, deixava para dar atenção aos miúdos e principalmente ao Kiami. Precisei procurar forças onde fosse para me manter firme, já não sabia o que era um bom dia ou uma boa noite de sono porque a mente por si só não fazia a sua função que seria descansar.

Natal de 2019

No Natal de 2019 tudo estava correndo bem, sem qualquer alteração no seu estado. Kiami, que permanecia sempre bem-disposto, alegre e mexilhão, o barulho dele dentro de casa ainda se ouvia, os gritos a chamar pela mãe, e o da mãe dizendo-lhe para não mexer ainda se fazia sentir. Ainda assim, mesmo sendo época de festa, as consultas e revisões continuavam, as idas ao hospital para fazer as quimioterapias, os exames de controlo dos níveis no IPO de Lisboa, e algumas vezes nos deslocávamos para Coimbra onde Kiami muitas vezes, se não mesmo todas as vezes fez os exames de RM (Ressonâncias Magnéticas) que é uma técnica de imagem médica obtida pelo uso de campo magnético e pulsos de radiofrequência para analisar como ía o olho, e também a cabeça. Esses mesmos exames até princípios de janeiro de 2020 estava tudo a correr bem, sem qualquer vestígio, nenhum de regresso do câncer e assim foram os dias de consultas e exames no mês de dezembro a janeiro. Várias as vezes íamos de manhã ao hospital e voltávamos somente no final da tarde porque infelizmente o índice de crianças com câncer é enorme e até aos dias de hoje tem aumentado, deixando assim os hospitais pediátricos de Oncologia cheios. Era difícil chegar em casa cedo, muitas vezes tendo mesmo que acordar por volta das 6h da manhã para ter a consultas por volta das 9h e antes disso fazer os

exames de controlo para o médico analisar e ver se estava tudo bem.

Graças a Deus durante todo o processo Kiami sempre colaborou, desde ao acordar cedo e ao alimentar-se (quando não fosse dia de quimioterapia). Na realidade ele nunca pareceu uma criança oncológica, a sua boa disposição e pouco alteração na aparência e no físico devido ao câncer, não fazia notar-se que ele enfrentava por todas essas situações em termos de saúde, mesmo até nas consultas diante dos médicos e enfermeiros ele sempre se comportava como um homem, um menino valente e guerreiro, só chorava quando lhe fosse picado com a agulha no cateter central. Fora a isso Kiami foi um verdadeiro Guerreiro, o meu Guerreiro Kiami.

Dia 25 de dezembro 2019 festejamos o Natal em família, faltando somente a minha mãe (Best do Kiami), que tinha ficado retida em Angola devido a pandemia. Foi um Natal abençoado aonde o meu coração de mãe orava esperando que tudo corresse bem com o seu filho, onde acreditava que Deus fosse curá-lo e que estaríamos livres daquele maldito câncer. Dançamos, bebemos, rimos e nos alegramos bastante, sem sequer passar pela minha cabeça, assim como de toda família, que aquele seria o último Natal de Kiami entre nós.

Vestindo-se de Pai Natal, Kiami e o primo Duany alegraram mais ainda a nossa noite. Dançaram, pularam e fizeram também muito

barulho (risos). O melhor Natal de toda minha vida com o meu anjo Kiami. Ainda no mês de dezembro, depois do Natal, tudo corria bem. Deu então continuidade as consultas de controlo e tratamentos de quimioterapia. Tínhamos marcada ressonância de revisão para se analisar como estaria o olho de Kiami para o mês de junho de 2020 onde teríamos que lá estar muito cedo e ele em jejum de pelo menos 6 horas.

Passagem de Ano de 2019 para 2020

A passagem de ano de 2019 para 2020 foi passada com esperança por mim, pois indo tudo bem cri em meu coração que tudo iria terminar bem em breve, e que o meu Kiami sairia daquela situação que me tirava o sono e paz que perturbava o meu entendimento. Como todos os anos, desde que tinha aceitado Jesus como meu único e suficiente salvador, fui para a igreja com os meus filhos, louvar a Deus independente das lutas e das dores vividas. Foi um culto abençoado e de muita presença de Deus na igreja Verbo Vivo Portugal dirigida pelo pastor Marcos Shallom, que acompanhava a minha luta e a de Kiami. Foi um momento único onde eu mesma necessitava de Deus como nunca para me dar as forças que precisava para continuar aquela batalha, que por muitas vezes eu mesma não acreditava que estaria a vivenciá-las. Depois de ter passado por um parto de cesariana com muita turbulência, onde somente a mãos de Deus me deu o Livramento.

Existem batalhas na vida que se a pessoa não crer em Deus nem na sua existência, ela simplesmente não aguenta ou comete alguma loucura que poderá se arrepender mais tarde. Sei que algures nesse mundo existem pessoas que tenham vivenciado situações iguais ou talvez piores que as que vivi, mas diante de tudo que passei, ainda com os grampos na púbis e a terrível dor, receber a notícia de que o meu filho

estaria entre a vida e a morte por causa de um câncer, foi a pior de toda e qualquer notícia que uma mulher poderia receber. Um misto de sentimentos e perguntas sem respostas surgem em nossa mente, e se a pessoa não tiver cuidado coloca mesmo em questão a existência de Deus. Não estou aqui querendo convencer seja quem for da Sua existência, nem a tentar converter ninguém a Deus (porque só o Espírito Santo tem esse poder), mas existem situações na vida que é impossível não ver a misericórdia Dele. E nessa história, nesse processo vivido com o Kiami tudo que vi e presenciei foi sem dúvida a misericórdia e a graça de Deus sobre nós, mesmo tendo dito adeus ao meu anjo Kiami.

A Estranha Inflamação

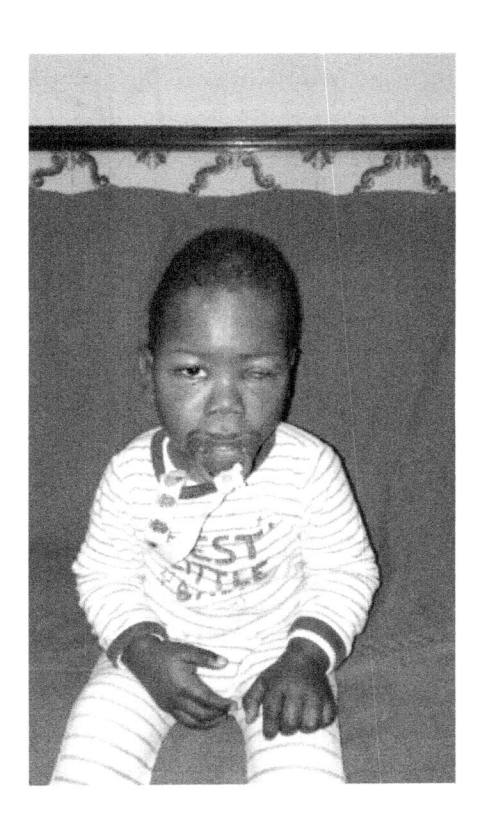

Janeiro de 2020, um dia de sol, mas de muito frio, agasalhei os meus filhos para que pudéssemos sair e ir revolver alguns assuntos na rua, e para que eles também pudessem apanhar o ar fresco, pois devido a saúde de Kiami ir à rua seria somente para irmos as consultas e algumas vezes quando Miguel, meu filho mais velho

levava o irmão a brincar no parque próximo a casa. Saímos de casa e lá fui eu empurrando o carrinho de gémeos dos meus meninos, que não eram gémeos, mas foi necessário adquirir para me possibilitar movimentar com os meninos quando não tivesse com quem deixar o Eliézer, ou fosse mesmo necessário sair com eles os dois. Lembro que nesse dia fomos a Ajuda de Mãe uma associação de solidariedade social, que tem como objectivo ajudar jovens mães e grávidas. O Kiami estava bem como sempre esteve, bem-disposto e sempre brincalhão, tão alegre e a vontade que uma das mães, ainda gestante, levou Kiami a brincar no parque próximo ao escritório onde eu estaria a ser atendida pela técnica. Da sala onde eu estava conseguia avistá-los e pude ver ele a brincar normalmente como se nada se passasse. Na verdade, como já havia frisado, quem olhava para ele só poderia saber ou dar conta de que alguma coisa se passava com ele, pela falta do olho esquerdo, pois fora isso ele sempre foi uma criança normal e não aparentava qualquer outro problema. Após termos saído da associação tivemos um encontro com a minha tia, irmã mais nova do meu falecido pai, que vivia fora de Lisboa, estava de passagem e aproveitou então para nos ver. Fomos até ao encontro dela em um renomado fast food onde almoçamos. Tivemos mais algumas horas até nos despedirmos porque ela teria que apanhar o autocarro de regresso a casa. Até então tudo estava indo bem no regresso para nossa casa, já na entrada do bairro que vivíamos recebi uma

ligação do hospital, era a Dra. Sônia do outro lado da linha querendo saber como o Kiami estava, e me informando que iria alterar a ressonância que estava marcada para junho, a fim de se realizar em outra data a ser anunciada. Perguntei-lhe se tudo estava bem, a qual ela disse que sim, e que somente alguma coisa lhe inquietava, por isso iria pedir para o exame ser antes e que iriam entrar em contacto comigo da área do exame de ressonância para me darem mais detalhes sobre a nova data. Após ter desligado a chamada com a doutora reparei então que os lábios de Kiami estavam meio que inflamados. Fiquei preocupada perguntando a mim mesma se algum bicho o teria mordido. Chegando em casa, tirei-lhe a roupa e analisei que as mãos e também as pernas estavam a inflamar. Preocupada liguei para o IPO onde me pediram para levá-lo até lá de forma a ser analisado. Liguei para a minha irmã para pedir-lhe que ficasse com Eliézer. Em frações de segundos e já com alguma comichão (porque chorava e se coçava) Kiami tinha toda parte do corpo inchada, grande foi o meu desespero e sentimento de culpa porque dizia a mim mesma que talvez teria sido alguma coisa que ele comeu, ou porque não deveria ter lhe tirado de casa.

Quando a minha irmã chegou só tive tempo de pegar no Kiami, chamar um táxi e correr com ele para o hospital. Após termos chegado no hospital e já devido a hora fomos encaminhados para o piso 7 de forma a ele ser visto pelos enfermeiros, eram por volta de umas

17h ou 18h e poucos minutos. Nesse dia não só Kiami, que já estava mais calmo, foi analisado, mas até eu recebi assistência médica de tão alta que estava a minha tensão, passei de acompanhante a paciente por alguns minutos até estabilizar. Enquanto esperávamos os resultados dos exames que haviam feito eu tentava relaxar e me acalmar do susto de ver o meu filho com o corpo todo inflamado. Depois de sair os resultados e lhe ter sido ingerido uma medicação por conta da inflamação, a enfermeira me informou que poderia ter sido uma reação por conta da medicação que ele estava a fazer ou por alguma coisa que tinha comido, pois lembro-me que no dia anterior tínhamos jantado grão-de-bico, que seria então a possível comida a lhe trazer a reação alérgica.

Depois desse episódio continuamos os tratamentos de quimioterapia em que o primeiro ocorreu no dia 25/11/2019, 14 dias pós-enucleação sob protocolo ARET0332 no Hospital Pediátrico de Coimbra, o segundo ciclo no dia 18/12/2019, o terceiro ciclo no dia 15/01/2020, o quarto ciclo no dia a 12/02/2020, o quinto ciclo no dia 11/03/2020, onde apresentou neutropenia leve, e o sexto e último ciclo no dia 8/04/2020 sem quaisquer interferências, segundo relatório médico.

Em meados de janeiro recebemos então a ligação do hospital nos dando a data para a RMN CE e órbitas de Kiami para o dia 31/01/2020, o exame que estaria para ser feito

em junho passaria a ser então para janeiro, aquela que foi a penúltima ressonância, a ressonância que foi detetar a inflamação que mudaria o rumo de toda a trajectória de fé que ainda me restava.

Enquanto aguardávamos pelo dia da ressonância, levávamos os dias na maior normalidade possível. Kiami sempre bem-disposto, brincava normalmente com os irmãos e os primos, e umas das suas maiores paixões era jogar futebol. O corredor de casa por muitas vezes foi o campo dele de futebol, ele jogava e gritava pela casa toda GOLOOOOO, quando ele mesmo imaginava que marcava os golos. Em momento nenhum ele fazia febres ou tinha outra reação devido aos tratamentos.

Ainda no mês de janeiro recebemos a ótima notícia pela assistente social do Hospital Pediátrico, Dra. Rosa, que o pedido que havia sido feito para a prótese ocular do Kiami tinha sido aceito o financiamento seria pela ACREDITAR - Associação De Pais E Amigos De Crianças Com Cancro. Finalmente o meu filho, ainda que não sendo natural, poderia ter um olho postiço e isso afastaria o olhar atento das pessoas na rua, olhares que muitos deles deixava-me sem jeito e triste; sem falar dos muitos questionamentos das pessoas querendo saber o porquê de ele estar sem um olho. Agradeci a Deus por tamanha bênção, pois não teria condições de poder dar uma prótese ao meu filho, porque as mesmas são muito caras.

Poder ter uma a custo zero, e por compaixão de alguém que teria pago, era de louvar a Deus. Recebemos a informação através da Dra. Rosa, assistente social, que iríamos receber a ligação do centro de óptica do Marques De Pombal em Lisboa para irmos fazer então a consulta para tirarem a medida do olho do Kiami e fazerem a prótese.

Os dias passaram sem nenhuma irregularidade, dia 31 finalmente tinha chegado, 7h e pouco da manhã, mais uma viagem, mais uns quilómetros a serem percorridos de Lisboa a Coimbra para sabermos como estava tudo por dentro do meu filho. A viagem foi tranquila, sem qualquer problema, com ele em jejum desde a meia-noite do dia anterior. Assim que chegamos aguardamos na sala de espera, onde de seguida seguiríamos para a sala de exames em que Kiami seria anestesiado para procederem com a ressonância CE e orbitas.

O parecer médico foi o seguinte: Depois dos resultados venho a relatar, comparativamente ao exame anterior efetuado no dia 5/11/2019 realce focalizado do nervo ótico adjacente à prótese que parecia envolver sobretudo a bainha residual, onde os médicos viram ser difícil valorizar uma vez que poderia traduzir apenas uma componente cicatricial pós-cirúrgico, que mesmo assim não excluíram, sugerindo assim novas avaliações em controlos imagiológicos futuros, todos os exames restantes sensivelmente sobreponível aos anteriores

estavam estáveis sem quaisquer disseminação lesional endocraniana, foi referido apenas a atenuação das alterações inflamatórias a nível otomastoideu.

Depois de se realizar o exame de ressonância que demorou cerca de 90 minutos, ele foi encaminhado para o recobro, onde ficou em observação até despertar da anestesia, poder comer qualquer coisa devido ao tempo que esteve em jejum, e sermos liberados para regressarmos para casa. Durante todo o processo, e todas as vezes que teve que ser anestesiado para realizar algum exame Kiami nunca sentiu-se mal, (exceto no dia 10 de maio, dia em que pela primeira vez durante todo o processo, Kiami acordou mal disposto; mais isso, lá mais afrente vocês entenderão o porquê) nem teve qualquer outra reação, sempre apresentou boa disposição, firmeza para uma criança de 2 anos. E foi nessa força dele que eu ganhava mais forças para ficar de pé e não me deixar abater. Por muitas vezes as forças era olhando para ele, ver a energia que carregava independente de tudo, que eu conseguia seguir aquela batalha de cabeça erguida, com fé de que Deus iria acalmar toda aquela tempestade. Em momento nenhum me passou pela cabeça que as coisas fossem complicar como complicaram.

Depois de termos recebido alta, sem os resultados do exame, que só ficaríamos a saber através da médica, voltamos para Lisboa com os serviços da ambulância de Caneças que sempre

nos trataram com imenso carinho e paciência. A viagem foi tranquila como sempre, pois em todas as viagens Deus nos guardava, nos levando em paz e em segurança de regresso a casa. Após termos chegado em casa pus o Kiami deitado para poder repousar, tanto da viagem como também de todo processo do exame, repouso esse que demorava apenas uns minutos, porque quando se tratava de brincadeira, estar com os irmãos e os primos ele não parava. Nele não se via tristeza ou estagnação, pois o que ele mais gostava era de estar em movimentação; sempre falador, conquistava qualquer pessoa que a ele se aproximava, falava que nem gente grande, e também mexia bastante. Expert em mexer no meu telefone todas as manhãs, tirar fotografias mesmo sem saber desbloquear o telefone e atender as minhas chamadas, o filho que me chamava de Nina e não de mãe, aquele filho que acompanhou minhas lágrimas de dor nos momentos de tristeza, desde pequeno sempre me transmitiu uma energia positiva, na verdade eu e a minha família tínhamos no nosso seio um anjo, um anjo de muita luz enviado por Deus cheio de missões, dentre elas mostrar-me que até para escrever um livro contando a minha história eu sou capaz. Kiami foi sem dúvida uma fonte de inspiração na minha vida, um exemplo de força e alegria. Com ele aprendi que mesmo diante ao caos eu posso escolher me prostrar ou me levantar e lutar. Mesmo sendo uma criança de 2 anos lutando com um câncer que estava decidido a nos parar, Kiami em momento nenhum

chorava, reclamava dizendo que algo lhe doía, ou ficava parado pelos cantos. O maior professor que me mostrou que EU POSSO, e que sou mais FORTE do que posso imaginar se chamou Kiami. Um propósito gerado por DEUS em meu ventre que veio ao mundo para me tornar e mostrar a mulher forte que eu sou hoje, que mesmo diante da dor, das batalhas e tempestades não baixa os braços, não procrastina ou murmura pelos cantos, um propósito que até sendo gerado foi de muita dor, e sacrifício.

Enquanto isso os ciclos de quimioterapia continuavam, fevereiro de 2020, quarto ciclo, sem qualquer alteração ou mudança de comportamento. Desde aquela data (qual data?) as atitudes eram as mesmas, não houve nenhuma mudança de humor, exceto as reações de vómitos que tinha após cada secção de quimioterapia, noites que eu queria apagar da minha memória, pois eram os únicos momentos que Kiami não dormia e nem passava bem. Mesmo tentando dormir, e muitas vezes de baixo de sono, ele já acordava vomitando, e assim era de 4 em 4 semanas, durante 2 noites seguidas que via o meu filho de rastos, sem podermos dormir em condições por causa das drogas ingeridas para matar e impedir que o câncer voltasse, drogas essas que não foram suficientemente fortes para impedir o pior que estava para acontecer.

Os dias se passaram, ainda no mês de fevereiro recebemos a ligação da Dra. que nos

deu a notícia que trouxe a aflição, a dor e inquietação ao meu coração. Primeiro quis saber como estava o Kiami, se estava bem, se não tinha havido nenhuma alteração desde a última ressonância, a qual eu disse que tudo estava bem. De seguida a Dra. Sônia diz-me que teriam detetado uma inflamação, que poderia se dar ao caso de ser somente uma simples inflamação, ou o câncer a ressurgir. Aquela notícia perfurou o meu coração, senti bem no fundo do meu coração que as coisas não iam bem. Ainda ao telefone com a Dra. a mesma me pede para ficar calma, que iriam marcar uma outra ressonância para avaliarem e confirmarem então do que se trataria. Ainda assim e como o coração de mãe sente e sabe quando alguma coisa não vai bem com seu filho, a ligação, a conexão da alma não deixa enganar um sentimento seja ele bom ou mal. Sentada no chão do quarto, já em lágrimas e com coração apertado comecei a clamar por Aquele que tem o poder para todas as coisas, chorando comecei a pedir a misericórdia de Deus sobre a vida e saúde do meu filho. Tudo que eu conseguia fazer naquele momento era pedir a Deus para nos ajudar, e salvar o meu filho daquele câncer maldito que tinha ressurgido para atormentar a nossa vida. A probabilidade de o câncer ressurgir era algo que não podia ser descartado porque, segundo os médicos, o câncer já estava em um estágio muito avançado e mesmo tendo se realizado a operação, alguma célula cancerígena, poderia se dar o caso de

escapar e assim então multiplicar-se; e infelizmente foi o que acabou por acontecer.

A bíblia em Romanos 8:28 nos diz: *que Deus age em todas as coisas para o bem daqueles que o amam, dos que foram chamados de acordo com o seu propósito*; acredito que há um propósito para todas e em todas as coisas nesse mundo, assim como há louvores que se tornam uma oração para nós diante de Deus. Diante daquela notícia triste Deus trouxe até a mim, na escuridão daquele quarto o louvor da cantora Glória Da Lú, que tem como título: *Vem Andar Comigo Pai* (https://youtu.be/3mKEGGRe0EY). Naquele momento tudo que eu precisava era que Deus andasse comigo, pegasse nas minhas mãos, me colocasse em seu colo, me guiasse para eu não cair porque minhas forças estavam ao poucos a reduzir-se em cinzas. Aquela foi mais uma das noites doridas e sofridas que eu estaria a passar, sem sequer imaginar ou sonhar que o mundo estaria por desabar em cima de mim.

Durante anos da minha vida, orando eu pedia a Deus para me ensinar a adorá-lo e naquele momento ainda que na dor, Ele estava a me dar a oportunidade de colocar em prática o meu pedido; aprendi que Deus nos dá situações para que coloquemos em prática aquilo que lhe pedimos em oração, pois foi exatamente tudo que eu vivi também no processo do Kiami, que não foi só acontecimentos no físico, mas espirituais, de Deus a falar comigo por meio de sonhos, e visões conforme a Sua palavra diz no

livro de Jó 33:14 – *Entretanto, a verdade é que Deus fala, ora de uma maneira, ora de outra.*

Depois de receber a triste notícia e com as poucas forças que ainda me restavam disse a mim mesma que não poderia me deixar enfraquecer, porque se assim fosse quem olharia pelos meus filhos, quem iria segurar Kiami, sem falar que ainda tinha sobre meus cuidados e responsabilidade Eliézer (que apesar de toda ajuda que recebia das minhas irmãs, e da minha prima, a qual peço a Deus que lhes abençoe grandemente) era eu como mãe que precisava estar firme para segurá-los. Aquela noite foi dura para mim, entre muitos pensamentos e perguntas me questionava sobre o que iria acontecer, sobre o porquê daquela inflamação, ou câncer a reaparecer. Ficamos então aguardar novo contacto da área para fazermos novos exames e termos a confirmação da suposta inflamação. Sem muitos motivos, vontade e alegria para fazer coisas diferentes, por algumas vezes conseguia encontrar forças para passear com meus filhos, levá-los a espairecer e a ir à igreja ouvir a Palavra de vida.

Não temos poder de controlar o tempo, nem sabemos o que nos reserva o dia de amanhã. Longe de mim saber que depois de 3 meses o meu filho partiria para sempre dos meus braços, para sempre dos meus olhos, por conta de uma doença maldita que entrou na nossa vida sem dó e sem piedade, rompendo somente a porta, se estagnando sem dar quaisquer sinais da sua

existência até ser descoberto, causando estragos na nossa vida, e até os dias de hoje na vida de adultos e principalmente crianças. Ao longo de todo o processo vi o quanto o câncer acaba com sonhos de pais, de jovens que seriam o futuro do amanhã; o quanto o câncer silencioso entra e vai corroendo por dentro, e não sendo descoberto atinge a vida não só daquele a quem ele decidiu invadir o corpo, mas também de toda uma família roubando sonhos, projectos, e planos de um futuro que é interrompido e sonhos que são adiados.

Existe uma necessidade muito grande de apoio a pessoas acometidas por essa enfermidade, muitas delas crianças na flor da idade. Crianças que na sua maioria perdem a vida por falta de impossibilidade financeira dos pais que não tem como pagar o tratamento, e dar aos filhos a possibilidade de um bom acompanhamento médico. Louvo a Deus, que em sua infinita bondade e misericórdia me permitiu encontrar na ACREDITAR o apoio que eu precisava, e que infelizmente muitos pais, algures nesse mundo, não tiveram para dar aos seus filhos um acompanhamento merecedor, não por falta de vontade deles, mas porque em alguns lugares não se fala, e ou não se dá devida atenção e importância da gravidade dessa doença, desse bicho mau que tem levado muitas vidas.

Durante a escrita da minha história com o Anjo Kiami, e para falar um pouco acerca do

câncer, tive que fazer algumas investigações sobre estatísticas do número de casos de câncer a nível mundial. E o que encontrei foi que o número de casos de câncer no mundo aumenta 28% em seis anos, sendo ele responsável de 9,6 milhões de mortes em 2018. De 2018 para cá podemos imaginar o número de pessoas que o câncer não tenha levado mais ainda, dentre elas o meu menino, o meu Anjo Kiami que lutou como um guerreiro.

O Câncer é uma doença que surge da transformação de células normais em células tumorais em um processo de vários estágios, que geralmente progridem de uma lesão pré-cancerosa para tumores malignos.

No dia 3 de fevereiro recebemos a ligação da óptica para irmos fazer o teste da prótese do Kiami no dia 4. Depois de ter-se analisado a mesma foi enviada para Barcelona, para poder-se então fazer a medida adequada ao olho de Kiami. Vivi um tempo de alegria e satisfação porque veria o meu filho com uma prótese que traria um olhar diferente daqueles que olhavam para ele, e tiraria também a curiosidade das pessoas em querer saber o porque da falta do olho, e mesmo para mim como mãe, ainda que não se pode fingir que nada havia acontecido, era um alívio enorme para mim, saber que iria andar à vontade na rua com o meu filho. Aguardamos acerca de um mês até a prótese chegar, e no dia 3 de março Kiami colocou a prótese. Uma alegria imensa para nós e até

mesmo para ele que ficou meio assustado porque ele já sabia e já se via sem um olho quando se olhava ao espelho. Apesar da pouca idade era uma criança inteligente, e sabia que alguma coisa se passava com ele. Foi festa, foi alegria vivenciar aquele momento, um misto de sentimentos e gratidão eterna pelo apoio da Dra. Rosa, a assistente social, que busca e bate nas portas de Associações para poder ajudar essas crianças merecedoras de atenção e dos seus pais, pois nem todos tem a possibilidade financeira para tamanha despesa que encontramos nesse processo dorido. Pela ACREDITAR - Associação De Pais E Amigos De Crianças Com Cancro que com muito amor, carinho e dedicação se dedicam a ajudar as famílias de crianças na luta contra o Câncer.

Dia 11/03/2020 Kiami fez mais um ciclo de quimioterapia onde apresentou uma neutropenia leve que consiste na redução da contagem de neutrófilos no sangue. Se for grave, há aumento no risco e na gravidade de infeções causadas por bactérias e fungos. Os sintomas focais da infecção podem ser silenciosos, mas a febre surge durante as infeções mais sérias, graças a DEUS não tivemos sinais de febre em momento algum durante todo o processo, pois pela gravidade da situação que enfrentávamos foi realmente de muita sorte ele não ter sido a comedido de mais uma situação que poderia aumentar no sufoco que já estávamos a passar. Foi mais uma noite mal dormida tanto para mim como para Kiami.

Existem situações na nossa vida que não vem para nos matar, mas sim para nos ensinar alguma coisa, e tirarmos dela algum aprendizado; situações que afetam o teu interior, mas não o teu exterior. Estranhei diante de tanta luta não ter emagrecido, visto que eram muitos esforços, noites mal dormidas, um bebé recém-nascido para cuidar e uma cesariana mal curada. Diz-se que Deus dá suas maiores batalhas, nos seus melhores guerreiros e hoje eu considero-me uma escolhida para ter passado por tudo que passei, enfrentar a batalha que enfrentei de preparação para aquilo que Ele tem para mim.

Dia 8/04/2020 foi finalmente o último ciclo de quimioterapia que aconteceu sem nenhumas interferências, no meu pensamento o final das noites mal dormidas, dos vómitos e de Kiami parar de fugir da alimentação sempre que fizesse o tratamento de quimioterapia. A partir daquele momento passaríamos somente a fase de vigilância para o câncer não reaparecer, e do controlo dos níveis, e aguardarmos pela ressonância magnética de avaliação de final de tratamento e confirmação da suposta inflamação que tiveram detetado na penúltima ressonância.

O Aviso Da Parte De Deus

Sem dúvidas a forma que Deus mais fala connosco é através da sua Palavra, a Bíblia, pois quando a abrimos é o Criador falando connosco, e quando oramos, somos nós falando com Ele. Mas uma das coisas que aprendi sobre Deus durante esse processo, é que diante de tantas formas que usa para se comunicar com a humanidade, uma delas é por meio de sonhos e visões quando o sono profundo recai sobre o ser humano. Isso ainda acontece nos dias de hoje, Deus fala por meio de sonhos, muitas vezes trazendo um aviso, nos exortando dos nossos maus caminhos, ou mesmo de um perigo que poderá estar a se aproximar na nossa vida. E sobre Ele falar por essa via podemos constatar na sua Palavra que nos conta a história dos antigos que viveram muitas experiências com Ele por meio de sonhos. Em Gênesis 28:10 em diante, podemos confirmar que Jacó tivera como uma visão dormindo, onde ele via uma escada apoiada na terra; seu topo alcançava os céus, e os anjos de Deus subiam e desciam por ela, e nesse sonho Deus tinha falado com Jacó. Nos dias de hoje ainda é igual essa forma de comunicação, só que infelizmente muitas são as pessoas que deixaram de acreditar.

Por muitas vezes sem conseguir pegar na Bíblia para meditar, foi por meio de sonho que recebi muitas mensagens da parte de Deus, dentre essas o aviso que o Kiami iria partir.

Como? Talvez você caro leitor se pergunte, eu posso explicar. Existem sonhos que nós não conseguimos discernir no momento, mas que mais tarde Deus nos dá o discernimento e capacidade para entendermos, e foi exatamente o que aconteceu comigo.

Certa noite, dormindo sonhei que eu estava numa sala a receber aconselhamento com o pastor Marcos Shallom, mas de repente entra na mesma sala uma jovem, essa jovem chama-se Fernanda (ela trabalhava na creche em que o Kiami frequentava no Cuando Cubango/Menongue-Angola), me dizendo que meu filho havia desaparecido, e eu perguntei como ele havia desaparecido? Chateada, eu me levantei da cadeira e tentei bater nela, vendo aquilo o pastor pegou nas minhas mãos e me pediu para ter calma, que o Kiami iria aparecer; em seguida apareci em um quintal com muita luz branca, ao sair desse quintal para ir procurar o meu filho, surgiu do meu lado direito um homem de vestes brancas, e outro do meu lado esquerdo usando as mesmas vestes, e esses homens que tinham o rosto de dois pastores da minha nação angolana muito conhecidos, da qual um deles me disse: *"Filha, nós vamos procurar o Kiami contigo"*, eu ali no meio deles falei para mim mesma que conhecia aqueles homens, pois eles tinham o rosto dos pastores, Rosário Neto e Esmael Pinheiro Sebastião. Começamos a nos mover para ir procurar o meu filho, até que surgimos em uma rua de Queluz/Belas aqui em Portugal, onde eu já tinha

morado, e exatamente no mesmo prédio. Avistamos que havia alguém numa das janelas do prédio, e esta mesma pessoa, como se um homem grande afastou-se quando nos viu, vendo aquilo um dos pastores olhou para o outro, perguntando se tinha visto o mesmo, e o outro pastor afirmando que sim foram os dois para dentro do prédio numa velocidade que nem eu mesma consegui ter o controlo dos passos deles, pois eles eram mais rápidos do que eu. Indo atrás deles e me vendo já dentro do prédio, vi diante de mim uma porta aberta, o que estava por dentro eu não conseguia enxergar, pois tudo que vi foi o homem com o rosto do pastor Esmael a sair daquela porta com o Kiami no colo, o mesmo olhou para mim e disse: *"Filha, vamos!"* Surpresa e com dúvida por ver como Kiami estava no colo do pastor, por alguns instantes fiquei parada de frente aquela porta, vendo o pastor descer as escadas com o meu filho no colo, não reconhecendo aquela criança que estava completamente tapada, coloquei as mãos por dentro do pano de formas a confirmar, se aquela criança era realmente o meu filho, e foi quando peguei na cabeça dela e entendi que se tratava realmente do Kiami, pois o que me deixou ainda que em sonho, perplexa, foi a forma como o meu filho estava frágil e debilitado. Segui então os passos do pastor, até que chegamos em um carro que eu nunca vi aqui na terra, um carro branco onde em seguida me vi sentada na parte traseira com- meu filho no meu colo, estranha sem entender tudo que estava a ver fiquei a olhar

para os dois pastores, que em seguida entraram no carro, pastor Esmael na parte do condutor, e pastor Rosário Neto no lado do pendura que num tom alegre e satisfação disse: *"Missão cumprida"*. Depois, como se algo que eu precisasse marcar (lembrar), eu vi a parte traseira toda onde eu estava com o meu filho, por instantes aquela parte foi a mais focada do sonho: eu pude ver o meu filho debilitado em meu colo, com fralda e a camisola manga comprida de riscas vermelhas, a mesma camisola que no mundo físico o Kiami-tinha vestida no dia que faleceu.

E foi exatamente na madrugada do dia 22 para o dia 23 de maio que eu estava com o meu filho no colo, debilitado, com uma percentagem de 2% de respiração, vestido com a camisola manga comprimida de riscas vermelhas, a mesma que ele usava no sonho, naquele momento triste, chorando, pois já sabia que para o meu filho a trajectória tinha terminado, que oiço no meu espírito, Deus me dizer assim: *"Filha, eu te avisei que eu iria levar o Kiami."*

Como se fosse um download, Deus trouxe para minha memória todo aquele sonho, me explicando todo detalhe do que eu tinha presenciado, até aquele dia que o Kiami tivera partido. Nisso entendi que de várias formas e maneira o Senhor aparece para ajudar-nos e livrar-nos. O discernimento que Ele me deu para entender aquele sonho trouxe dor profunda em meu coração, como todo o processo que vivi com

o meu anjo Kiami, mas diante de tudo eu não consegui, nem consigo deixar de enxergar a forma poderosa como esse Deus operou nessa história. Eu não posso, nem permito deixar que a partida do meu anjo me impeça de continuar a visualizar o que Ele fez desde o início dessa história, começando a trabalhar nos pequenos detalhes (não menos importantes que todos os outros), através da vida do meu irmão Edgar Alexandre, que porventura é chara (forma de falar no meu país de pessoas que levam o mesmo nome) do Kiami, que também era Alexandre. Deus também por meio de sonho havia me mostrado com meus dois meninos Miguel e Eliézer como se preparados para uma viagem, isso sem o Kiami connosco, eu procurava-o naquele sonho, sem mesmo entender que era da parte de Deus o aviso que ele iria voltar para casa.

A Progressão Do Câncer

Até ao final do tratamento tudo estava a correr bem, Kiami como sempre bem disposto. Lembro que depois do final do tratamento fomos algumas vezes a consulta para ver se tudo estava bem com ele, e até então nada de estranho com o meu anjo.

Depois de alguns dias de espera, recebemos a tão esperada chamada do hospital de Coimbra para a data da ressonância de avaliação, para mim ressonância de confirmação, chamo-lhe assim porque foi exatamente o exame final e o mais doloroso para mim, e acredito que até para os médicos que o acompanharam, a ressonância decisiva. A data marcada foi o dia 11/05/2020.

Durante todo o processo foi impossível não me conectar com Aquele que era o Único que poderia me ajudar e sustentar, o clamor e pedido de súplica pela vida do meu filho eram as minhas prioridades. Como já tinha vos dito, durante todo o processo era impossível ver meu filho queixoso por alguma coisa. Ele brincava normalmente, gritava pela casa que era uma loucura, deitava o leite do irmão ao chão e ainda ao comer iogurte tentava dar ao irmão, borrando-lhe todo. Dias felizes e alegres para aqueles que conviveram com ele, dias de paz, até que num domingo, dia 10 de Maio, tudo mudou. Pela primeira vez ele acordou maldisposto,

começando por ser o último a se levantar da cama, sendo que ele sempre era o primeiro a despertar, estranhei ter acontecido assim, mas pensando ser mesmo só sono deixe-lhe por mais um pouco na cama, enquanto isso aproveitei para tratar do Eliézer e fazer as coisas de casa. Passando um pouco de tempo ele levantou-se e foi ter comigo na cozinha, muito estranho e chocho, mole mesmo, falava com ele e mal respondia me pedindo somente para lhe por no colo, enquanto lhe pedia para aguardar, em cada compartimento da casa que eu fosse ele ía atrás de mim. Naquele momento é como se algo me tivesse chamado atenção e me dissesse que alguma coisa não estava bem, que não era costume aquele comportamento, até que então parei, olhei para ele lhe metendo já nas costas, perguntei o que ele tinha, e ele nada de falar. Deixe-lhe estar quieto nas costas enquanto fazia o que precisava em casa. Muita foi a minha sorte não ter recebido da parte de Deus filhos que chorassem muito, porque senão não iria conseguir; pois enquanto Kiami estava nas costas Eliézer com apenas 7 meses ficava quietinho a ver bonecos.

Já cansada de fazer as tarefas de casa com Kiami nas costas, pus-lhe deitado no sofá para que pudesse descansar e assim eu também. Até aquele momento ele ainda permanecia quieto sem se movimentar, ao contrário de como era sempre, e foi assim o dia todo.

Na madrugada do dia 10 para o dia 11 dia em que estava marcada a ressonância, já a noite ia adiante, por volta da 01h e pouco quase 02h da manhã, os miúdos já dormiam, enquanto eu aproveitava para meditar na palavra de Deus, o Kiami estava deitado por trás de mim na sala onde gostávamos muitas vezes de dormir, enquanto Eliézer já estava ao cuidado da tia Carina naquele dia, pois era com as tias que ficava quando precisávamos ir à Coimbra, e quando as mesmas não podiam era com a irmã Teresa Ivaz que ficava. Foram elas as facilitadoras do meu processo no que toca ao Eliézer. Depois de fazer uma breve oração, e estando a me deitar, chegando mesmo a inclinar a cabeça na almofada, oiço bem no fundo do meu interior, uma voz que me diz: *"Olha para o Kiami"*, nisso me viro e vejo o meu filho quieto, parado, pensando que o dia todo ele esteve assim. Nasceu dentro de mim uma revolta, algo em mim não aceitava vê-lo naquele estado, até que então como se tivesse recebido uma ordem, levantei-me, fui num canto da sala dobrei os joelhos e comecei a orar, a clamar a Deus pela vida dele. Eu conseguia sentir que algo não estava bem, que alguma coisa estava para acontecer, e a ordem naquele momento não sabendo de quem na altura (porque agora eu entendo que aquela ordem vinha de Deus) foi para orar, orar pela vida do Kiami. Comecei a orar, a repreender o mal na vida do meu filho, mandar o câncer sair do corpo dele, até que fui tomada pelas lágrimas e, já sem forças, me deixei estar ali naquele canto da sala de joelhos dobrados somente a chorar pelo meu filho e por tudo que tínhamos vivido, e assim foi até mais tardar às 05h da manhã que me deitei e por alguns instantes fechei os olhos.

Eram 07h da manhã quando despertei para organizar as coisas da viagem para Coimbra, tínhamos que estar preparados antes da ambulância chegar, e enquanto ele descansava fui tratando de mim para depois tratar dele. Assim que me arrumei, acordei-lhe, lavei-lhe e vi que ele continuava na mesma, calmo e sem muitas palavras (pois o câncer já tinha se espalhado pelo cérebro todo do meu filho, e supostamente lhe inquietava bastante, lhe deixando para baixo). Assim que lhe vesti tentei lhe dar algo para comer, ele negou, pegando nas mãos somente uma bolacha. Meti-lhe no colo e nos deixamos estar à espera da ambulância, que mal iríamos nos sentar eles bateram a porta; eram dois moços dessa vez, um jovem e um senhor já mais velho, que nos acomodaram bem no transporte. Mais uma viagem, mais uns quilómetros de Lisboa a Coimbra, o percurso foi tranquilo e sossegado com o meu filho muito calado (O que não era costume). Assim que chegamos em Coimbra fomos até o andar onde era costume irmos para fazer a ressonância, e lá nos pediram para aguardar, pois ainda tinha uma criança à nossa frente.

Enquanto aguardávamos liguei para a Emma e para Suzinilda, mães das princesas

batalhadoras que moravam na casa da ACREDITAR em Coimbra, a Miriam de quem já vos falei, irmã da Emma, e a Suzi que é como lhe trato, mãe da princesa Ecla (em memória). Ecla, assim como o Kiami, batalharam forte contra esse câncer, até que chegou o dia, e a hora de voltarem para casa, como eu prefiro dize. Estando com elas matamos as saudades, e falamos das batalhas que cada uma estava a enfrentar, e das saudades que elas tinham dos que tinham deixado para trás, pois Suzi havia deixado os filhos em Angola, para ir salvar a vida da sua filha em Portugal, 8h de distância e já por alguns anos distante; de igual modo a Emma, órfã de mãe, viu-se obrigada a deixar a filha para trás para lutar pela irmã, que teria sido também diagnosticada com um câncer no olho, designado por Retinoblastoma, o mesmo que o Kiami tinha, só que em estágios diferentes, hoje graças a Deus a Miriam se encontra bem, linda e bem grandinha.

Enquanto aguardávamos, meu filho não brincava, o estado dele chocho permanecia, chegando mesmo até a fugir de brincar com as meninas, algo que outrora já estaria a fazer, a pular e se preciso a gritar. Meti-lhe nas costas, e deixe-lhe estar quieto. Quando deu 12h da tarde comecei a orar pela vida do meu filho, naqueles últimos dias era como um relógio programado, sentia dentro de mim as horas e momentos que tinha que orar por Kiami.

Passando alguns minutos, o telefone tocou, era da área de exames, nos pedindo para comparecer, pois tinha chegado o momento dele ser examinado. Passamos pela triagem, onde o enfermeiro fez-me algumas perguntas antes de passar a sala onde iria decorrer o a ressonância magnética. Depois de todas perguntas feitas e esclarecidas passamos para a área de ressonância, tirei os sapatos e a chupeta do Kiami, para ele ser anestesiado. Assim que a anestesia começou a fazer efeito retirei-me e fui para a sala de espera, onde com o coração aflito orava a DEUS para que aquela suposta inflamação não passasse somente de uma inflamação.

A ressonância demorou mais tempo do que o costume. A angústia tomava conta de mim naquele momento de espera, tanto que fui andar um pouco pelo hospital, de forma a aliviar o meu coração. Após 1h o exame terminou, chamaram-me para ir ter com meu filho que ainda estava sobre o efeito da anestesia. Deixei-me estar ao lado dele, que só depois de alguns minutos despertou, ainda muito sonolento. De seguida os enfermeiros deram-me bolachas e um pacote de leite para alimentá-lo e para analisarem se ele não vomitaria devido a anestesia, mas infelizmente ele não comeu as bolachas, somente bebeu o leite. Vendo que até aquela altura nada de errado aconteceu, deram-nos alta para podermos então ir para casa e depois de alguns dias a Dra. ligaria para nos informar o resultado da ressonância. Os senhores da ambulância que já aguardavam por nós, ajudaram-me com Kiami até a mesma. Já na ambulância deitaram-no e partimos para Lisboa.

Durante uma boa parte do caminho meu filho ainda ia a dormir. A viagem decorria tranquilamente, o silêncio dentro da ambulância que não era costume me fazia viajar dentro da minha mente, pedindo a Deus que o resultado da ressonância fosse positivo, que não passasse de uma simples inflamação para que logo, logo o meu filho ficasse bem, e fora de perigo. Dentre muitos pensamentos, assim que olho para Kiami vejo que ele já estava acordado e de olhar bem fixo em mim, como se quisesse dizer-me alguma coisa, perguntei-lhe se estava bem e ele mal me respondeu, peguei-lhe nas mãos, e ele voltou a dormir, até o momento que chegamos em casa, por volta das 20h.

Assim que chegamos pus-lhe deitado no sofá com esperança de vê-lo brincar, ou fazer algum barulho, mas infelizmente nada disso aconteceu. Dei-lhe para jantar uma sopa a qual ele tomou, mas passando alguns minutos vomitou-a toda, fiquei preocupada, perguntando a mim mesma se estaria a fazer alguma reação a anestesia porque nunca tinha acontecido tal coisa. Não insisti em dar-lhe mais sopa, fiz um chá dei-lhe de beber, e até o chá ele vomitou, naquele momento não sabia se chorava ou o que poderia fazer, pois não sabia o que se estava a passar com o meu filho. Meti-lhe no colo e deixei, nos sentamos no sofá, até que ele adormeceu. Aquele foi o primeiro dia de todos os dias no processo que não vi o meu filho sorrir, gritar, pular e chamar por mim pela casa toda, e mal sabia que aquela seria mais uma de muitas outras noites longas que iria enfrentar, só que dessa vez a mais difícil de todas porque estava prestes a viver o maior momento de terror na minha vida.

Por volta da 01h30 da manhã, já todos dentro de casa dormiam, menos eu, pois era aquela hora da madrugada que aproveitava para orar, meditar e pensar em tudo que estava a viver desde a nascença do Eliézer até ao momento que descobriram o câncer, fazia a mim mesma mil e uma perguntas, e todas elas sem respostas. Pronta para dormir me deitei de costas para meu filho, ouvi como se uma voz a me dizer para olhar para o Kiami, virei-me e chamei por ele, reparei que estava acordado, mas não me respondia. De seguida peguei no telefone que estava mais perto de mim, acendi a lanterna, e foi então que notei que os lábios dele se moviam como se estivesse a mordê-los, e ao mesmo tempo vertendo saliva. Assustada liguei para a minha irmã Carina que estava a dormir. Ela levantou-se e veio ao nosso encontro na sala, já em lágrimas perguntei-lhe o porque meu filho estaria daquele jeito, e o que seria aquela reação na face dele. Sem entendermos o que se passava, decidi ligar ao meu irmão mais velho, que morava alguns minutos da nossa casa. Aflita e sem saber o que fazer, nem o que se estaria a passar com meu filho, comecei a ser invadida

pelo espírito do medo. Passando alguns minutos o meu irmão chegou, perguntei-lhe o que estava a acontecer. E foi então que olhando para ele, o meu irmão disse que o Kiami estava a ter uma convulsão, que teríamos que chamar a ambulância. Perdida diante daqueles acontecimentos todos, perguntei ao meu irmão, o porquê daquela convulsão, senti que Deus tinha me abandonado. Peguei meu filho no colo, enquanto a minha irmã ligava para os serviços da ambulância, que demoravam atender devido a instalação da pandemia no mundo, e o número de pessoas afetadas pelo COVID-19 nos hospitais, fiquei com medo de que não viessem para dar assistência ao meu filho. Assim que os serviços dos bombeiros atendeu, e já mais calma expliquei que Kiami era uma criança oncológica e tudo o que aconteceu naquele dia. Passado alguns minutos os serviços de bombeiro chegou em casa, analisou-o que, entretanto, já estava normal, mas fraco. Mediram-lhe a tensão, fizeram-me algumas perguntas e levaram-nos para o hospital Beatriz Ângelo, o mesmo hospital onde tinham diagnosticado o câncer. Tudo isso na madrugada do dia 11 para o dia 12.

Após termos chegado no hospital fomos dirigidos até a triagem onde expliquei que depois do exame de ressonância magnética ocular com sedação no dia 11 de maio e depois de termos chegado em casa ele vomitava depois da refeição. Perguntaram se tinha tido febre ou diarreia, a qual disse que não. Sempre prostrado no meu colo, nos enviaram até a sala onde seríamos atendidos pela doutora. Já na sala por volta das 07h15, assim que me sentei, ele começou a serrar os dentes, gritei pela médica, que veio a correr, chamou a enfermeira, colocaram-no na cama e em seguida começou a convulsionar. Os médicos passaram a assisti-lo, colocaram-lhe oxigénio, passando quatro minutos, não vendo melhoria, aplicaram-lhe Diazepam, que veio a fazer efeito três minutos depois. A Dra. que esteve connosco aquela noite toda, veio falar comigo, dizendo-me que eles já tinham feito o que podiam, e que por se tratar de um doente oncológico iriam ligar para o IPO - Instituto Pediátrico de Oncologia para saberem o que mais teriam que fazer. Assustada, e depois de presenciar tudo o que meu filho passou a noite toda, peguei-lhe no colo, abraçando-o forte, chorei pedindo misericórdia a Deus, o que eu não sabia é do que estava para vir. Assim que falou com o IPO, e já sabendo do que se tratava, a doutora informou-me que teríamos que ser transferidos para o IPO e que já estaria uma equipe médica a nossa espera. Nos dirigimos para a ambulância acompanhados por uma médica e uma enfermeira, Kiami ia ao meu colo, ligado a uma máquina para controlarem o batimento cardíaco. Foi uma viagem curta e tranquila, onde eu me perguntava o que iria acontecer, minha esperança estava somente em Deus crendo que Ele iria fazer alguma coisa por nós.

Quando chegamos no hospital fomos dirigidos ao piso número 7, área de

internamento, onde já estava uma equipe de enfermeiros a nossa espera. Assim que chegamos no piso fomos para uma sala e a nossa volta tinha cerca de cinco enfermeiros. Pediram-me para colocar o Kiami na cama, assim que o coloquei, ele começou a convulsionar novamente, afastei-me assustada vendo o meu filho novamente passar por aquela situação. Presenciei os enfermeiros a darem-lhe assistência necessária, naquele curto espaço de tempo ele teve mais duas convulsões, uma atrás da outra, e eu fiquei em lágrimas e sem saber o porquê. Entrou na sala Dr. Ximo, o médico do Kiami, que nos acompanhou durante todo o processo no IPO de Lisboa. Lembro-me que estava do lado da janela, defronte a cama onde estava o meu anjo, olhando para mim chorando, o médico pega-me no ombro e pergunta-me se já sabia do que se tratava? Eu disse que não sabia de nada, que desde o dia 10/05 que Kiami não estava bem, que fizeram a ressonância no dia 11 e não sabia ainda do resultado. Foi então que recebi a pior notícia da minha vida, a pior notícia para uma mãe ouvir, noticia que abalou toda minha estrutura e acabou com o meu mundo. Com o olhar entristecido o médico me disse: *"Mamã a ressonância que vocês foram fazer no dia 11, mostrou que o câncer voltou e espalhou pelo cérebro todo. Nisso já não podemos fazer mais nada a não ser esperar, o dia da sua partida que poderia se dar ao dia, ou na semana seguinte e aplicar somente medidas de conforto."*

O parecer médico era: "Feito a última ressonância no dia 11/05 os médicos fizeram estudo de comparação da ressonância anterior efetuado no dia 30/01/2020, onde observaram um aumento da extensão do realce do nervo ótico esquerdo, com realce linear difuso da bainha do nervo ótico esquerdo, ao longo dos segmentos orbitaria e intracanalar, existindo um realce periférico dos segmentos pré-quiasmáticos de ambos os nervos óticos. Na sequência do T2 ouve apagamento parcial do espaço subaracnoideu perineural ao longo do nervo ótico esquerdo, os mesmos aspectos eram compatíveis com disseminação tumoral. Foi verificado ainda uma infiltração leptomeníngea nos espaços cisternais da base ao longo dos nervos cranianos".

Não sei explicar o que senti naquele momento, porque não existe nome para se dar aquela notícia que tinha acabado de receber. Fiquei sem chão, dobrei os meus joelhos diante do médico e em lágrimas perguntei a Deus o que aconteceu, onde eu teria falhado para aquele câncer voltar e espalhar pelo cérebro todo do meu filho. O sentimento de culpa, a sensação de que não tinha feito tudo que precisava fazer invadiu o meu interior, o grito de socorro e súplica a Deus era tudo que me restava. Vendo aquela situação, e aqui eu digo que o Deus que tudo vê, usou a boca do médico que se agachando me disse: *"Mamã você fez tudo que estava ao teu alcance fazer pelo Kiami. Você cuidou dele, veio sempre as consultas, e as vezes nem nós os médicos temos controlo sobre essa doença, então você fez tudo, como nós fizemos tudo que podíamos".* Ainda em prantos levantei-me, olhei para a janela, peguei no telefone e liguei para o meu irmão mais velho para dar então a notícia que o câncer tinha voltado e espalhado o cérebro todo e que os médicos já não poderiam fazer mais nada. Lembro que o meu irmão ficou sem reação, e acredito que não aceitando a situação, ele me perguntou se não podiam operar, ou fazer qualquer coisa.

Aceitar aquela notícia foi dura para toda a família, aceitar que teríamos que esperar somente pela partida de Kiami, não cabia na mente de nenhum de nós. Pedi ao meu irmão para avisar aos outros membros da família, pois naquele momento tudo que eu queria era pegar o meu filho, que já se encontrava controlado das convulsões, prostrado e desacordado. Peguei lhe ao colo, e fomos dirigidos até ao quarto onde ficaríamos internados até o que tivesse que acontecer, o quarto número 11. Chamo esse quarto de "O Laboratório De Deus", pois nele passei os momentos mais duros da minha vida, tive esperança que o milagre fosse acontecer e que o meu filho sairia daquele curado, tive fé, fui provada, tive medo e passei por momentos de muito tormento e momentos de muita angustia.

Kiami ficou por muitas horas desacordado devido a medicação que lhe tinha sido ingerido por conta das convulsões. Ligado ao soro com a medicação de suporte, fraco e completamente

prostrado é assim que meu filho estava deitado na cama do hospital. Diante daquele ambiente, que não desejo a mãe nenhuma, sentei-me no cadeirão que seria a minha cama até o dia que Deus decidisse e permitisse meu filho partir. Passando algumas horas ele despertou, completamente fraco, chorando, já sem nada a fazer, tudo que nos restava era somente controlar e vigiar se Kiami se queixaria de dor, para lhe ser ingerido a medicação. Estando durante horas sem se alimentar pedi leite para que Kiami pudesse beber, de formas a ganhar um pouco de energia, para minha surpresa, ele bebeu três biberões de leite de uma forma desesperada, como se nunca havia bebido. Por momentos tentava imaginar como o meu filho estaria se sentindo por dentro, tantas foras as lutas, tantas foram as drogas ingeridas para tentar salvar-lhe a vida. Eu queria que toda a dor, que tudo que ele estava a passar passasse para mim e ele ficasse livre de toda aquela opressão. É e foi duro presenciar todo aquele episódio, toda aquela aflição a qual o meu filho era acometido.

Após uns minutos já estava mais ativo ele queria andar e brincar, mas era impossível fazê-lo devido a fraqueza, tinha mesmo que segurá-lo e ajudar-lhe a andar, pois sozinho poderia cair. A partir daquele momento caiu-me, e vi que não havia mais escapatória para o meu filho, foi então que disse a mim mesma que só Jesus poderia mudar toda a história, e fazer um milagre, então decidi fazer daquele quarto o meu altar, o meu santuário, onde de dia e de noite

clamava a Deus pela saúde o meu filho. Ali mesmo em um canto dobrava os meus joelhos, e dizia a Jesus o quanto acreditava que Ele poderia mudar toda aquela situação, apontava as minhas mãos naquela medicação e declarava que se transformasse no Seu sangue. Desesperada, me sentindo apertada e abandonada por Deus, chorava me sentindo incapaz por não conseguir fazer nada para salvar a vida do meu filho, achando que ainda poderia se fazer alguma coisa por ele.

Numa das idas ao quarto onde estávamos perguntei ao Dr. Ximo se não poderia operar a cabeça e retirar o câncer, e ele explicou-me que seria um risco muito grande visto que o câncer já estava espalhado pelo cérebro todo. Não aceitando aquela resposta, aquele diagnóstico, comecei a procurar na internet casos de crianças na mesma situação que poderiam ter sido curados através de alguma clínica. Na verdade, o meu fogo era procurar clínicas fora do país que pudessem ajudar o meu filho mesmo sem ter condições, ou possíveis tratamentos que pudessem mudar aquele quadro. Uma angústia muito grande tomou conta de mim, o meu a cismo e capacidade humana levavam-me a pensar que eu poderia encontrar alguma coisa para curar o meu filho. Tudo que eu visualizava era o meu filho curado e juntos sairmos daquele hospital, algo que infelizmente não aconteceu. Nada mais cabia na minha mente a não ser procurar a cura. A minha mente processava rápido e simplesmente me dizia faz a tua parte, e deixa que Deus fará a parte Dele. Por alguns momentos fui comandada pela aflição, pela dor e angústia, orava e não conseguia ouvir a voz de Deus. Com o filho as portas do céu, sem ninguém para falar, o Senhor permitiu que eu fizesse parte de um grupo de mulheres de oração no WhatsApp, indicado pela Nela, nesse grupo encontrei conforto, e tudo que eu precisava naquele momento: A Palavra De Deus. Muitas vezes diante da aflição nos perdemos, não conseguindo parar para dar atenção a voz de Deus, e foi realmente o que me estava a acontecer, desesperada com o diagnóstico final da saúde do meu filho, não conseguia pensar em outra coisa senão encontrar a solução, algo que não estava nem ao meu alcance, e muito menos ao alcance dos médicos, que tudo fizeram para ajudar.

Deus, sendo Ele soberano sabe realmente o que necessitamos, e Ele sabia que o que eu precisava naquele momento era me posicionar para que Ele pudesse conversar comigo, por meio a sua Palavra. E foi no grupo das mulheres de oração dirigido pela Antónia e a Lúcia que passei a me concentrar, a me posicionar e a prestar atenção em tudo que estava a viver para ouvir a voz de Deus. Enquanto isso, Kiami, na de quarta-feira dia 13 de maio, despertou bem, um pouco mais disposto que nos dias anteriores, ainda fraco e sem conseguir andar, já mais falador, conseguindo comunicar-se, alimentar-se muito devagar e em pouca quantidade, e assim foi durante aquela semana. Entre as orações e

estudo na Palavra de Deus no grupo fui me fortalecendo e aprendi a comunicar-me mais com Deus, buscando ver da parte Dele uma luz. Foi então que comecei a fazer individualmente um trabalho de oração e suplica pelo Kiami, em um canto do quarto dobrava os meus joelhos de dia e de noite e orava, por muitas vezes os enfermeiros e as auxiliares entravam no quarto encontraram-me a orar por aquilo que era impossível diante dos olhos humanos, mas por algo que eu cria que pudesse acontecer. Foi então que em uma das minhas orações, a assistente social do IPO, que muito estava sentida com a situação do Kiami, entrou no quarto e viu-me, dei conta da presença dela, e ainda assim continuei. Ela saiu do quarto, e foi então que aconteceu o que já era de se esperar, e o que de melhor Ele faz, naquele momento comecei a escutar em minha mente uma voz que me dizia, que todos que me vissem a orar estariam a zombar de mim, mesmo sabendo que era Satanás e tudo que ele gosta é atormentar aqueles que buscam a Deus, o melhor que ele faz é mentir. Fiquei triste porque naquele momento até o sentimento de dúvida agiu em mim, me perguntava se Deus realmente ouvia as minhas orações e se estava ali connosco.

É na dor, na aflição, na tempestade que a fé que dizemos que temos no momento da fartura e da alegria é testada. É nas lutas e batalhas da vida que somos colocados a prova, pois é nesse momento que o lado oposto ao de Deus luta para que percamos a nossa fé. É nas

tempestades que provamos realmente a adoração e amor que dizemos sentir por Deus, e aquele foi o momento da minha provação. Em momento nenhum Deus se agrada de ver aqueles que a Ele se entregaram passar por dores, em momento nenhum Ele se sente em paz a ver os seus a chorarem ou serem oprimidos pelo inimigo, mas é extremamente necessário passarmos por essa provação, porque Cristo passou entregando-se na cruz para morrer por nós. Mesmo sendo Deus também se viu na situação em que eu me encontrava, de maneiras e razões diferentes, mas ambos com os filhos diante da morte. Deus deu o Seu filho para morrer por uma humanidade, e eu imagino que Ele que tanto nos amou, como diz em Sua Palavra em João 3:16, tenha sofrido. Então eu, diante de alguns tormentos que passei, não desisti de orar. Diante da voz do inimigo me dizendo que estaria a ser zombada por orar por algo que era impossível, não desisti e continuei crendo Nele, crendo que Ele faria aquilo que era melhor para Kiami, pois naquele momento que estava em sofrimento era ele quem precisava de descanso, que com apenas dois anos viu-se a enfrentar uma batalha que nem mesmo às pessoas mais velhas eu desejo. Uma criança que teria o futuro pela frente, uma criança alegre e inocente, era ela que precisava de paz. E a medida que os dias foram passando era nisso que Deus me fazia pensar, na paz que o meu filho precisava, no quanto ele estaria a sofrer com aquele câncer a roer-lhe por dentro sem dó

nem piedade. Não podendo andar, nem ficar em pé de fraco que estava devido a medicação de suporte, passei a fazer a sua higiene na cama. Algumas vezes tirava-lhe da cama para estar ao meu colo, para poder falar com ele e sentir o calor dele, o abraço que poderia ser o último, pois não sabíamos em qual dos dias seria o adeus, então todas as vezes que fossem possível ficava com ele ao colo, e dormia com ele na minha mini cama. Durante a nossa estadia no hospital Kiami recebeu a visita do tio Patrick, ficando todo alegre, pois ele tinha uma ligação muito forte com os tios. Sua alegria e o seu jeito de ser à vontade conquistava qualquer um, que dizer dos tios, que estavam com ele todos os dias. Todo alegre por ver o tio que havia levado para ele, o que muito pedia para comer "as gomas" no colo do tio, ele brincou e ainda sorriu para nós.

Durante a nossa caminhada nessa vida temos o prazer de conhecer pessoas que nos marcam pela positividade, e outras nem tanto, só que nesse caso eu tive o prazer de conhecer ainda durante a nossa estadia no hospital a auxiliar Ana Silva, e a enfermeira Tânia duas pessoas que marcaram muito a minha vida, e o meu processo e sem dúvidas foram usadas por Deus para estarem comigo no momento mais duro da minha vida, mas isso vocês irão entender mais para o final.

O Medo

Medo é uma das armas mais poderosas que o inimigo usa para tentar nos paralisar, para colocar no nosso coração que Deus não nos ouve, ou não esta connosco no momento que passamos por aflição. Todos esses sentimentos comecei a viver a medida que os nossos dias iam passando naquele quarto de hospital. Por muitas vezes quando precisava de me ausentar do quarto para ir tomar banho, ou pegar alguma coisa na cozinha das auxiliares, o espírito do medo invadia a minha mente me dizendo que iria encontrar o meu filho morto, ou que alguma coisa iria surgir para levá-lo. Algo que contando possa parecer sem sentido nenhum, mas na realidade é o maior tormento que alguém pode viver, ainda mais uma mãe com o filho à beira da morte. Esse episódio foi se estendendo dia após dia, e muitos deles quando dobrava meus joelhos para orar, aí vivia o maior dos tormentos. Como se não bastasse viver, e ter que lidar com a notícia de que o meu filho iria morrer, ainda tinha que viver com os ataques do inimigo na minha mente, onde cada vez que me prostrasse para orar sentia que por detrás de mim uma forma maior do que eu iria me fazer mal. Algumas vezes conseguia sentir um peso negativo dentro do quarto, ainda assim lutava contra aqueles tormentos, e toda vez que acontecia só conseguia pegar no meu filho, e ouvir louvor. O louvor naqueles últimos dias

trouxeram a calmaria ao tormento que vivi
naquele quarto.

A Voz De Deus
"O Posicionamento"

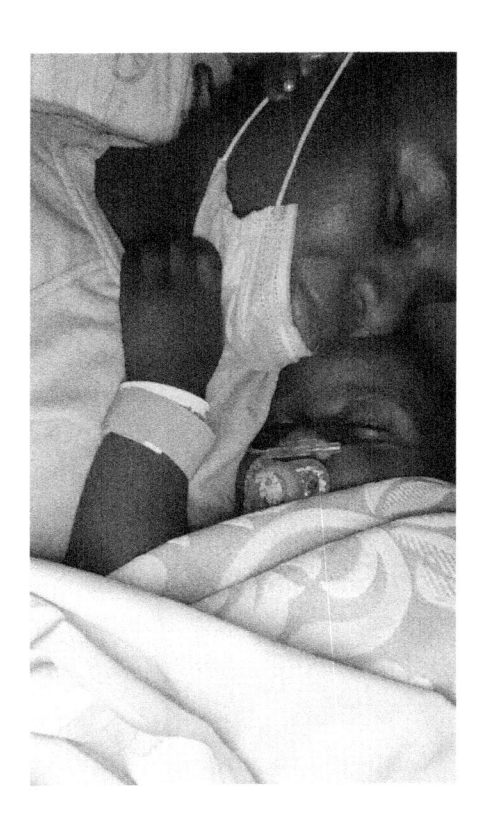

Era início da noite, aflita por ver o meu filho a definhar a cada dia e sem resposta da parte de Deus, mais uma vez fui invadida pelo medo. Medo de perder o meu filho, e não saber como agiria quando acontecesse. Sentada no

cadeirão cama ao lado da cama de Kiami, peguei na palavra de Deus e decidi meditar nela, pois a busca da resposta que precisava estava na palavra, era nela que ouviria Deus falar comigo. Abrindo a bíblia calha-me o livro de Mateus 14 (colocar o texto versão King James). Naquele momento os meus olhos fixaram para o título de JESUS ANDANDO SOBRE AS ÁGUAS, do versículo 22. Começando a ler sobre aquela passagem que nos vai falar não só do milagre de Jesus andando sobre as águas, mas também de Pedro, que com medo de ver que alguém andava sobre as águas, e após saber da boca do próprio Jesus que se tratava dele, pediu que este lhe mandasse ir ter com Ele, uma história que quem lê a bíblia conhece. Depois de ler todo o episódio que Pedro tinha passado, a voz de Deus de uma forma muito forte fala em minha mente dizendo: *filha se você olhar para tudo a sua volta, se você olhar para as circunstâncias tal como Pedro, você vai afundar, porque enquanto olhava para mim, Pedro andou sobre as águas, e somente quando olhou a sua volta ele começou a afundar.*

Naquele momento foi impossível não chorar ao receber aquela revelação por meio da voz de Deus, que não terminando me fala da cantora brasileira Eyshila que tinha também perdido o seu filho Mateus de 17 anos na altura, vítima de uma meningite (https://youtu.be/o8wiSYxRp6U).

Nisso Deus chamou a minha atenção me pedindo para ver como aquela mãe mesmo diante da dor lhe adorava e O reconhecia como Deus apesar da perda. Peguei no telefone fui até ao youtube ver a história de Eyshila e pude ver como ela realmente adorava ao Senhor. Vi uma mãe sofrendo pela perda de seu filho, mais vi também uma mãe, mulher adoradora que reconheceu a soberania de Deus acima de todas as coisas. Pude ainda ver aquela mãe já com o corpo do seu filho praticamente desfalecido, dentro do quarto da UTI adorando a DEUS. Foi impossível não chorar, e agradecer por ter ouvido a voz do Senhor, que me disse: *Filha posiciona-te senão você não vai conseguir*. O resto da minha noite foi em lágrimas, por ter ouvido a voz de Deus, que diante daquela experiência com Ele me mostrou que estava lá comigo, que não estava indiferente a tudo que eu estava a passar, lágrimas por saber que teria que ver o meu filho partir para sempre.

Nessa experiência com Deus pude aprender o quanto as almas são preciosas para Ele. Aprendi e enxerguei profundamente o quanto Deus ama a humanidade e usa histórias de vidas para salvar outras vidas. Ninguém nesse mundo veio ou está em vão. Nada do que passamos, seja bom ou mau, passa despercebido para Deus. Eu não sou um acidente, você caro leitor não é um acidente, e a sua história de vida foi e é permitida por Deus não só para você lhe achar, assim como eu lhe achei, mas também para salvar vidas, como a história da cantora Eyshila me salvou no momento em que eu não sabia como me posicionar. Aquela mãe já havia perdido o filho, e estava a passar pelo processo do luto, diante do seu posicionamento Deus usou a sua vida, a sua história para me levantar, e é assim que Ele trabalha, não descartando nenhuma das nossas dores, sejam estas aflições ou desânimos. Deus vive dentro de cada um de nós, e tudo que desejo é que você lhe encontre, não em circunstâncias como a minha na dor, meu desejo é que você lhe encontre ainda que na alegria, mas que se tiver que ser na dor, que você lhe encontre, que você simplesmente lhe encontre, como eu lhe encontrei e Ele me abraçou e amparou.

O dia amanheceu e naquela noite eu não tinha pregado o olho, pois acredito que Deus havia preparado aquela noite para nós. Aproveitei que o Kiami ainda dormia e fui fazer a minha higiene, já de uma maneira diferente, sem medo, fortalecida e aceitando minimamente que se Deus quisesse levá-lo, que só a vontade Dele fosse feita. Ao tomar banho lembro-me que comecei a perguntar a Deus o que Ele queria que eu fizesse naquele lugar. Sem mesmo me aperceber passei a fazer aquilo que Deus queria que fizesse, passei a perguntar: O QUE, em vez do POR QUE, e foi naquele momento que passei a olhar para Deus e não para as circunstâncias, e a viver aquela situação com uma certa paz no coração, entendendo que não mais dependia de mim, mas sim de Dele. Assim que terminei de tratar de mim, voltei para o quarto, tratei do Kiami, dando-lhe banho na cama para tentar conseguir que ele comesse alguma coisa, e para

as auxiliares poderem tratar do quarto. Depois de tudo peguei ele no colo e ali ficamos por horas até que acabamos por adormecer os dois.

Horas mais tarde recebemos a visita do médico que foi ver como estava o meu anjo, e nos dizer que como Kiami estaria com a medicação de suporte. Eles estavam a ver formas de irmos para casa, a fim de Kiami poder passar os últimos momentos em casa com a família, ao que disse que estava tudo bem me dando uma palavra de conforto e força o médico se retirou do quarto, me deixando com o ele.

Até aos dias de hoje, eu acredito que Deus fala de muitas maneiras, e muitas delas usando os seus servos, os seus profetas no seu altar, e naquele momento ainda no processo de libertação contra o sentimento do medo, e aproveitando que estava tudo calmo, comecei a ver o culto de libertação que estava a decorrer no Instagram da igreja Catedral da Adoração e Promessa, dirigido pelo hoje Pastor Cláudio Conceição, o homem que me apresentou Jesus, e me falou do Seu amor. Pastor Cláudio havia sido meu líder do grupo de evangelização na igreja em que fazíamos parte na altura, e foi exatamente a pessoa que Deus escolheu e usou para naquele momento pregar sobre o que eu precisava ouvir. Por intermédio do pastor, Deus falava sobre o espírito do medo dizendo que não importava o tamanho do medo que uma pessoa possa ter, Ele estará sempre do nosso lado para nos ajudar, e foi naquele momento que com mais força e determinação comecei a orar contra todo aquele sentimento do medo, repreendendo e ordenando que este saísse da minha vida, só assim eu saberia lidar com tudo que estava por vir.

Enquanto eu vivia e passava pelo processo de libertação, o Kiami enfraquecia a cada dia que passava, e tudo que se podia fazer por ele era somente lhe darem a medicação de suporte toda vez que ele tivesse dor. E até nisso foi me dado a capacidade de saber e sentir quando ele sentia dor, pois chegou uma altura que quando lhe levantasse a pressão que se fazia, causava-lhe dores de cabeça, e feliz ou infelizmente eu sentia toda vez que isso acontecia, por esse motivo era preferível deixar-lhe deitado quieto sem fazer-lhe muitos movimentos.

Toda vez que tivermos que passar por uma provação, por um vale, Deus vai nos fechar em um círculo onde só Ele e você terão acesso. Toda vez que Deus quiser tratar com você, Ele não irá permitir que ninguém se intrometa, e foi exatamente isso que aconteceu comigo. Durante toda essa minha caminhada com o Kiami, Deus usou por variadas vezes pessoas para me darem forças, ao saber irmão Edgar, Helma e Patrícia eram das pessoas que ligavam para orar comigo, e me manterem firme na fé, mas chegou a altura em que Deus fechou o acesso deles comigo porque acredito que havia chegado o momento de eu me fixar somente Nele, momento de fazer Dele o meu ombro, pois muitas vezes nós temos

por habito em buscarmos socorro no homem igual, deixando muitas vezes Deus para último plano. Naquele momento não era o que Deus queria que eu fizesse, pois o que eu precisava e vim a entender mais na frente era de buscar pela presença, e a força de Deus, pois só ela me manteria de pé. E foi o que exatamente eu fiz.

Depois, nessa noite, recebemos a chamada da Patrícia, a minha Isabel Yeshua, que havia me ligado para saber como ele estava, e ele se encontrava no meu colo ainda acordado, ouvindo a voz dela e mesmo sem a conhecer, Kiami disse: *tia amo*, querendo dizer que lhe amava. Aquilo deixou um espanto tanto a mim, como a Patrícia, que de seguida começou a orar pela vida de Kiami, declarando as mãos de Deus sobre ele.

O Não De Deus

A melhor maneira de falar do Não De Deus na minha vida, é sem dúvida falar da capacidade que alguém precisa ter em sentir a dor do outro, mesmo que esse alguém esteja a passar também por uma dor ou por uma situação menos boa. Falar do Não De Deus, é falar de empatia, essa foi sem sombra de dúvida o maior lição e prova que passei com Ele, no quarto número 11, e vocês vão entender porquê.

Tudo na nossa vida vem com uma mensagem, um aprendizado, e a forma mais correta de tirarmos esse aprendizado é sem dúvida com as nossas próprias experiências. Isso Deus me ensinou quando em mais uma noite de oração no chão daquele quarto pedindo pela saúde e pelo milagre, oiço bem no fundo do meu coração uma voz que me diz: *"Não ora mais pelo Kiami";* naquele momento levantei-me, sentei na cadeira que estava bem ao meu lado, e comecei a falar sozinha, perguntando: como não oraria mais pelo meu filho, se eu precisava de um milagre, e da cura de Deus para a vida dele? Algo que lendo parece loucura, mas para quem vivenciou é a maior experiência com Deus, experiência que depois de vivê-la, eu mesma comecei a pensar na dimensão do que tinha vivido naquele início de tarde. Sentada na cadeira, falando e ouvindo uma voz suave que levava a minha mente para todos os quartos daquele piso, me dizendo da quantidade de

jovens, e crianças como o meu filho que estavam deitados em uma cama gemendo de dor por conta de um câncer, jovens que também precisavam de oração, muitos deles enfrentando aquela situação há mais de dois anos. Naquele momento é como se eu pudesse enxergar cada uma delas a minha frente. Foi então que comecei a chorar e a sentir o quão difícil estaria a ser a vida de cada um daqueles jovens, e crianças, algumas delas até mais novas que o Kiami. Pensando na dor e sofrimento que estariam a passar, oiço no meu espírito Deus me dizer para apresentar cada uma daquelas crianças a Ele, algo que eu perguntei como iria fazer, e pela segunda vez a ordem foi: *"Apresenta essas crianças a mim"*. Muitas vezes quando ouvimos a voz de Deus a tendência é pensarmos que estamos loucas, e pessoas ainda poderão insinuar com relação aquilo que você viveu, chegando a pensar mesmo nisso. Com medo, Deus me ordenou a pegar um papel e escrever o nome daquelas crianças nele, para apresentá-las em oração. Foi quando então que me levantei da cadeira, abri a porta do quarto, ficando de pé por alguns minutos, disse a Deus que tinha medo de fazer o que Ele havia me mandado porque não sabia qual seria a reação daquelas mães ao deparar-se com alguém a pedir o nome do seu filho para orar. Pois cada um de nós sabe em quem crê, cada um de nós tem a sua fé, e infelizmente nem todos acreditam na existência de Deus. Num mundo como esse, e diante de tanta catástrofe que temos vivido ainda há

aqueles que não creem que Deus exista, e como devemos respeitar a opinião de cada um, temi a reação que cada mãe pudesse ter. Mesmo assim e ainda com medo me dirigi até a secretaria que ficava na entrada do piso 7, onde estava uma senhora já com uma idade um pouco avançada, magra, loura de óculos e pedi-lhe que me arranjasse uma folha A4 e uma caneta, depois dirigi-me até ao quarto e sentei-me com o papel na mão, ainda com receio do que estava prestes a fazer.

Naquela excitação de ir e não ir, abri a porta, bem de frente a porta do nosso quarto do lado direito, tinha uma porta aberta, aproximando-me dela, vi que no quarto estavam duas mães, ambas com suas filhas adolescentes, uma mãe de nacionalidade guineense, e a outra de nacionalidade portuguesa, que tinha por nome Carla, uma mãe que me chamou muita atenção pelo corte de cabelo dela, pois havia rapado o cabelo, acredito eu que um gesto de força a filha que estava na batalha contra o câncer. Assim que me aproximei pedindo licença, a mãe de nacionalidade guineense veio até a mim, e foi então que lhe falei que estando a orar no quarto por meu filho, senti em meu coração que deveria orar por todas as crianças que tal como Kiami estavam a enfrentar aquela batalha contra o câncer, e por aquele motivo queria ter o nome dos meninos e das mães para orar. Para meu espanto e alegria aquela mãe concordou com o ato, dizendo que acharia bem porque Deus era só um, e já que estávamos todas naquela situação que deveríamos sim ser uma pelas outras. Em seguida aquela mãe deu-me o nome da sua filha e o nome dela, a outra mãe que estava no mesmo quarto aproximou-se dando também o nome da sua filha e o dela, e apenas em alguns segundos eu tinha outras mães que passavam pelo corredor a darem o nome dos seus filhos, e os nomes delas também, e de outras crianças que estavam em isolamento com seus pais. Naquele momento dentro dos meus próprios pensamentos, analisei que Deus dá as ordens e que Ele mesmos as faz acontecer, aí tive a plena noção que não passamos de meros instrumentos nas mãos de Deus, vasos que Ele mesmo escolhe para usar. Escrevendo o nome das crianças e mesmo depois de ter recebido da parte de Deus ordem para não orar mais pelo Kiami, ainda assim no meio do nome de todas aquelas crianças coloquei o nome do meu filho para também apresentá-lo. Naquela altura já algumas mães que se encontravam nos quartos próximo ao nosso sabiam que ele estava numa situação em que os médicos e a medicina já não podiam fazer nada para salvar-lhe a vida. Depois de ter concluído parte da missão, fui para o quarto com o papel nas mãos, e meu filho a dormir, sentei-me e simplesmente falei: *está aqui o papel*. Novamente Deus me diz para apresentá-las a Ele, foi então que coloquei o papel no chão e dobrei os meus joelhos por cima dele.

Antes de explicar o que aconteceu a seguir quero partilhar com você caro leitor algo que naquele momento Deus me ensinou, e somente

quem entende as coisas do espírito poderá entender o que passarei a dizer a seguir. Existem situações e momentos que o Senhor poderá não nos dar autorização para orar por determinada situação, ou pessoa, porque assim como está escrito na bíblia *Tudo me é lícito, mas nem tudo me convêm* 1 Coríntios 6:12 e quando dobrei os meus joelhos foi exatamente nisso que Ele chamou a minha atenção dizendo que naquele momento eu estaria a entrar em territórios que não me pertenciam, orando por aquelas crianças, e que o inimigo de uma forma furiosa poderia se levantar contra mim, que estava também buscando em oração ajuda para o meu filho que estaria mais do lado celestial, do que do lado terrestre. Não me importando mais com o que pudesse acontecer, lembro que disse que se Deus tivesse que curar o Kiami amém, mas se tivesse que levá-lo, estaria tudo bem também, que iria apresentar aquelas crianças, e assim o fiz.

Chegou uma altura naquele quarto que eu entendi que já não se tratava do meu filho, mas de mim, que era comigo que Deus queria tratar e ensinar algumas coisas, pois o Kiami já estava entregue nos braços do Criador, e o que estava diante de mim era somente o corpo mortal, e uns porcentos do fôlego de vida. Ainda naquela noite sentada, Deus chamou a minha atenção me pedindo para olhar para o Kiami, assim que olhei para ele, trouxe em minha memória todos os momentos em que ainda estando mais ativo ele brincava, pulava e eu gritava com ele lhe pedindo para sentar, para parar, e em seguida

Deus me disse: *"Filha, tu estás a me pedir para levantar o Kiami?"* E eu disse que sim, que estava a pedir-lhe para levantá-lo, mas que ele não se levantava, como uma pedra no meu coração. Deus me disse: *"Filha, vocês têm tudo, mas reclamam demais. Tudo o que vocês precisam vocês têm, mas em tudo vocês murmuram, a minha graça vos basta"*. Naquele momento pedi perdão a Deus por todas as vezes que brincando, pulando com boa disposição, eu dizia ao meu filho para sentar, e pedi a Deus para lhe levantar, chorei de muita dor diante de toda aquela verdade que Ele me dizia.

Deus me falou ainda do povo de Israel que ficou 40 anos no deserto por conta da murmuração, mesmo tendo lhes libertado da opressão e escravidão que eles eram submetidos no Egipto. Aquele confronto não só me fez chorar, mas refletir também da nossa postura diante de Deus.

Depois de vivenciar toda aquela experiência não tinha como não adoptar uma postura diferente e enfrentar o que estava lá na frente. Já sem esperança da cura e aceitando o que tivesse que acontecer senti no meu coração de ligar para a família a fim de poderem ver o Kiami e irem falando com ele, mesmo este estando fragilizado e sem muito poder falar, todos puderam vê-lo e cada um falar com ele.

Ligado as máquinas para registar o ritmo cardíaco, e o funcionamento do coração, e ao oxigénio cada dia que passava já não se sentia a

presença dele, pois ele já não falava, só ficava desacordado, até ao momento que deixou de se alimentar, algo que me deixou destroçada, pois sempre ouvi dizer, e aprendi que quando uma pessoa doente deixa de comer não é boa coisa, foi então que os médicos decidiram colocar-lhe sondas para se alimentar, e podermos ir para casa para que ficasse os últimos momentos de vida com os irmãos, ou talvez até fechar os olhos na presença da família.

Naquela que seria a penúltima semana que teria o meu filho nos braços, aprendi a como deveria ingerir a comida dele pelas sondas, e analisar se ele comia, de forma a controlar a digestão dele. Mas infelizmente ainda no hospital, e mesmo pelas sondas ele não comia nem um pouco sequer. Já não havia mais nada a fazer para mudar aquela situação, ainda assim continuei a orar. Tudo o que me restava era aproveitar cada hora, minutos e segundos com o meu filho ao colo, mesmo com medo de estar a lhe magoar. Aproveitar todos os momentos com ele no colo era tudo que eu queria. Sentindo-me incapaz, a única coisa que me restava era louvar, ouvir louvor e chamar pelo Deus da última hora para que Ele me segurasse e não me deixasse cair, pois o meu filho estava a ir-se embora e eu não podia fazer nada mais por ele.

Por mais que saibamos que a morte um dia bate a nossa porta, e isso é algo inevitável de acontecer, não estamos preparados para perdemos alguém que amamos, e o pior é

quando se trata de um filho. Como eu já disse ele era o meu segundo filho, 10 anos depois do primeiro, Miguel. Tudo na gravidez de Kiami, era como se fosse a minha primeira vez, a primeira gestação, primeira experiência da maternidade. Aquela gravidez que com muito sacrifício pensava que viria ao mundo a menina que sempre desejei, mas quando Kiami nasceu foi um amor a primeira vista, um presente que ganhei com muito sacrifício. E vê-lo sofrer tudo que sofreu, vê-lo partir sem poder fazer nada, chegou a me trazer um sentimento de culpa, de incapacidade, a sensação que não tinha feito o que poderia fazer, até entender que não dependia de mim, e que nem ninguém tem o poder de determinar quem fica e quem vai a não ser Deus, Aquele que criou todas as coisas, e tem nas mãos o poder da vida, e da morte.

A Última Convulsão

Era início de noite de sexta-feira do dia 22 de maio de 2020, aonde a esperança de podermos voltar para casa e Kiami estar com os irmãos me animavam (esperança essa que acabou por ficar sem efeito naquela noite), mesmo sabendo que ele não poderia brincar e trazer a alegria que sempre trouxe dentro de casa. Aquela noite foi uma noite muito tranquila, se não falar a noite mais longa de todas daquele 7º dia que iríamos fazer no hospital. O silêncio se havia instalado no piso número 7, não se ouvia barulho nenhum, a não ser o pequeno respirar de Kiami que estava deitado bem ao meu lado. Eu estava sentada naquela que foi a minha cama em quase uma semana de internamento, lendo a bíblia oiço um barulho nos meus ouvidos de ranger de dentes, quando me virei para o meu filho vejo que ele cerrava os dentes. Meu coração arreou e tudo que consegui dizer foi: *Ai Meu Filho*; com muita pressa apertei na campainha para chamar os enfermeiros, que vieram a correr para saber o que se tinha passado. Então entrou pela porta dentro do quarto número 11 a enfermeira Tânia Costa, a quem expliquei o que havia acontecido. De seguida, muito rapidamente, a enfermeira saiu a correr do quarto, e em frações de segundos regressou com outro enfermeiro, colocaram a máscara de oxigénio no Kiami, e vi que lhe aplicaram alguma coisa, que na verdade era Midazolam. Minutos depois de o terem assistido, já sentada

de mãos dadas com ele a enfermeira me disse que infelizmente o meu anjo havia tido uma convulsão, e que aquela poderia ser a última noite do Kiami. Meu coração ficou destroçado ao ouvir aquela notícia, pois mãe nenhuma está preparada para ouvir, que o seu filho está a morrer. Perguntei se poderia colocar Kiami no meu colo, visto que ele tinha colocado o oxigénio tive receio que não mo permitissem. Já com ele no colo não quis acreditar que aquilo que eu mais temia estava a acontecer. A enfermeira Tânia disse-me que eu poderia ligar para os meus irmãos, e que os mesmos poderiam ir ficar comigo no hospital. Não conseguindo falar, ela mesma ligou explicando o que se tinha passado. Minutos depois ela voltou para o quarto dizendo que os meus irmãos estavam a caminho do hospital. Enquanto aguardava por eles a enfermeira Tânia pediu a auxiliar Ana Silva para ficar comigo no quarto. Naquele momento é como se me tivessem cortado a fala, apertada ao Kiami, tudo que eu desejava era que aquilo não passasse de um simples sonho, que eu iria acordar e ver que tudo estava bem, que não existia câncer nenhum, e que o meu filho estaria bem. Confesso que eu não sentia, nem ouvia a minha própria mente, naquele momento tudo dentro de mim estava apagado, eu não falava e só baloiçava com o Kiami no meu colo.

Passando uma hora, creio até que nem tanto, os meus irmãos entraram pela porta do quarto número 11 adentro, sem saberem o que dizer. Maló, meu irmão mais velho, ficou uns

minutos de pé, a minha irmã Duda sentou-se no sofá-cama que a auxiliar havia trago para ela, pois aquela noite seria longa. Por alguns minutos o silêncio se instalou no quarto, a enfermeira, e a auxiliar ainda estavam lá connosco, acredito que tal como nós doridas com aquela situação, pois acredito que mesmo sendo o trabalho delas, não é fácil encarar e ver crianças e jovens a perderam a vida por conta de um câncer. Enquanto isso no meu colo eu sentia o fraco respirar do meu filho a ir-se embora, e eu sabia que não podia fazer mais nada, e tudo que me tinha restado naquele momento era o grito de socorro que só Deus podia e conseguia ouvir, o grito de pega nas minhas mãos senão, não vou conseguir.

Já depois de alguns minutos a tentar ingerir o que estávamos a viver, Maló pegou na cadeira e puxou a mesma próximo ao cadeirão onde eu estava sentada e me perguntou o que os enfermeiros haviam dito, e eu somente lhe disse que tinha acabado, que já não haveria mais solução, o que se poderia fazer, se fez e que era somente aguardar e esperar pela partida do nosso Kiami.

Aquela noite foi a mais longa de toda minha vida, o silêncio dela era assustador de muita paz exterior, mas de muita dor, tormento e aflição no meu interior. Queria simplesmente me segurar, pois mesmo deitada sentia que iria cair. Cada vez que fechava os olhos tentando ver que não se passava de um sonho, via a alma do meu filho a ir-se embora e logo acordava com medo de lhe perder, despertava. Meu irmão não aguentando ver aquele cenário foi para casa nos pedindo para lhe ligar para qualquer coisa. Na verdade, meu irmão não queria estar lá quando o Kiami partisse, o sobrinho que lhe chamava de Maló e quando lhe apetecesse lhe chamava de pai, o mexilhão de casa, aquele que por onde passava deixava a sua simpatia. Assim era o meu Kiami, o meu menino alegre que naquele momento estava prestes a largar as minhas mãos, para fazer a passagem para a outra margem.

Meu Kiami, o anjo escolhido de Deus para fazer de mim a mulher que Ele quer que eu seja, o escolhido de Deus para revelar aquela que é a minha missão aqui nessa terra. Aliás é isso que significa seu nome Kiami= "MEU" na língua dos meus patriarcas, o Kimbundu.

A Partida

Já a madrugada ia longe, o clarear do dia espreitava e por alguns minutos coloquei Kiami na cama para ser visto pela enfermeira. Analisando e lhe sentindo a pulsação a enfermeira Tânia olhou para mim com um olhar triste e abanou a cabeça. Eu entendi que havia terminado a caminhada do meu filho, levantei-me e peguei-lhe ao colo, não conseguia falar, nem muito menos gritar. Eram por volta das 6h e pouco da manhã, comigo no quarto estava a enfermeira, a auxiliar Ana Silva, duas mulheres que marcaram muito a minha vida naquele momento de muita dor, estando sempre do meu lado, e se preocupando cada uma delas do seu jeito, e a minha irmã que também presenciava o sobrinho a dizer adeus. Abraçada ao Kiami, sem conseguir reagir, senti uma presença muito forte diante de mim, uma paz que invadia todo aquele quarto, uma presença de muita tranquilidade invadia o meu interior, foi então que ouvi uma voz em meus ouvidos dizendo: *Filha chegou o momento, mais eu preciso que tu fales.* As lágrimas corriam em meu rosto, sentia necessidade de falar, mas não conseguia, é como se eu precisasse liberar o Kiami para ele partir, e eu ali chorando, balançando-o em meu colo. Senti uma força maior do que qualquer coisa diante de mim, e eu podia ouvir em meu espírito uma voz que me dizia: *Filha eu preciso que tu fales.* Lembro que algo em minha garganta tinha saído, algo como se fosse um peso, senti-me leve, e tudo que

consegui falar foi: *Deus, se o Senhor tiver que levar o Kiami eu quero fazer uma troca Contigo, eu quero que Tu tomes a minha dor, e me deixas a tua presença, senão eu não vou conseguir.* Naquele momento algo sobrenatural aconteceu, eu senti como se uma força entrasse dentro de mim, e o Kiami parou de respirar, partindo assim por volta das 07h00 da manhã do sábado, dia 23/05/2020.

É impossível por palavras explicar toda a dor que senti vendo o meu filho partir. O que posso dizer é que senti como se me tivessem cortado as pernas, me senti inválida, incapaz, como se me tivessem mutilado sem anestesia. Essa para mim é a definição da dor de uma mãe que vê o seu filho partir, seja de câncer, ou de outra forma. Uma parte de mim se foi, meu coração parou de bater juntamente com o coração do meu filho. Na verdade, é um misto de sentimentos sem explicação. A mãe que tenta sempre fazer algo para o bem do filho, se vê atada, paralisada sem ter por onde se mexer, e era exatamente assim que eu me encontrava naquele sofá, sem forças chorando com o Kiami no colo, e assim fiquei por cerca de quase 1h, até ouvir novamente a voz de Deus me dizendo para colocar o Kiami na cama, porque ele já estava a ficar gelado nos meus braços. Levantei-me e prestes a pousai-lo na cama, puxei-lhe novamente para o meu colo, não acreditando que ele teria partido, até que pela terceira vez Deus pediu-me para colocar o Kiami na cama. Depois de obedecer, Deus me chamou até a janela do quarto. Já próxima da janela olhei para

o céu e reconhecendo a sua grandeza, e no meu espírito ouvi Deus me dizer: *SOU MAIOR QUE O CÉU.*

Depois de alguns minutos na janela liguei para a minha mãe para lhe dar a triste notícia da partida do Kiami. Ao receber essa notícia, minha mãe ficou sem ação. Sem forças para suportar aquele momento eu só chorava, desejando que tudo aquilo não passasse de um sonho. Meu filho partira para sempre, depois de muita luta e esperança que tudo fosse passar, que aquele câncer fosse perder e nós cantaríamos o hino da vitória pela sua cura. Enquanto eu ainda tentava digerir tudo a minha volta, a minha irmã, e o enfermeiro davam banho ao Kiami, ela já havia pedido a roupa para vestir o sobrinho.

Olhando para o Kiami vi ali um anjo, um anjo que veio na terra com o tempo determinado por Deus para me ensinar que nessa vida só Nele devemos confiar e nos entregar verdadeiramente, pois é na dor que Deus nos mostra que quem diz ser, e está do nosso lado, na verdade não está, que aquele a quem você coloca e deposita toda tua confiança não estará ao teu lado quando você mais precisar.

Nessa caminhada com o Kiami, Deus também me levou a ver o tanto de batalha que uma mãe passa pelo filho. Em uma das experiências com Ele no quarto número 11, Ele me falou da honra e respeito que devo à minha mãe por tudo que ela passou por mim, sem o

meu pai ao lado. E naquele momento eu estava a passar a maior batalha com o meu filho, sem ela que sempre me ajudou, e sem um ombro de pai para carregar o Kiami, mas Ele estava lá em todo tempo, e em toda hora. Nisso aprendi a honrar mais a minha mãe. Se antes já a valorizava por todo esforço que ela passou por mim e pelos meus irmãos, e hoje pelos netos, após essa batalha com o Kiami a valorizo mais ainda, pois vi e senti na pele o que uma mãe passa. Assim entendi a mensagem de Deus que está em Êxodo 20:12 – *Honra teu pai e tua mãe, a fim de que venhas a ter vida longa na terra que Yahweh, o teu Deus, te dá.*

Aprendi que tudo acontece com permissão de Deus, e que quando a sua permissão é a perda de um ente querido, ela não é para a nossa morte ou castigo como muitas vezes pode ocorrer na nossa mente, mas sim para um ensinamento, ou mesmo para ouvirmos ao seu chamado para a nossa vida.

Kiami estava limpo, vestido e perfumado, dormindo como anjo que ele é enviado para minha estruturação e crescimento. O corpo do meu filho estava pronto para ser levado a morgue, abracei-lhe e lhe agradeci por tudo que vivemos juntos, pela alegria que ele me ensinou a carregar e a mostrar ao mundo independentemente da dor e aperto que esteja a passar, lhe agradeci por ter sido meu filho e amigo.

Ao sair do quarto deixando o Kiami ainda na cama recebi a ordem de sair sem olhar para trás, pois uma porta grande se abria diante de mim, e do outro lado um Deus que me disse que faria nova, todas as coisas, e eu simplesmente obedeci. Saí daquele quarto, daquele corredor sem olhar para trás, sentei-me na parte de fora da porta do piso 7 aguardando a minha irmã que recebia todas as informações necessárias para o dia da liberação do corpo do Kiami para o funeral.

Sair daquele hospital sem o meu filho, não foi o que tinha planejado, pois minha esperança sempre esteve na cura do meu filho, de que tudo ficaria bem, mas infelizmente nem sempre tudo é como desejamos.

O Sonho De Consolo

Presenciar a tristeza, as lágrimas da minha família ao chegar em casa me trouxe uma sensação de derrota, de batalha perdida. Olhar para os meus dois filhos entristeceu mais ainda o meu coração. Entrei na casa de banho e me joguei aos pés de Jesus, aí consegui gritar e perguntar a Ele o que tinha acontecido, o que havia corrido mal se tudo estava aparentemente a correr bem. Gritava fortemente pelo nome do meu filho com muita dor em meu coração, até que a minha irmã mais nova foi ajudar-me para poder tomar um banho e descansar.

Horas mais tarde depois de ter conseguido descansar comecei a receber visitas de algumas pessoas que acompanharam o processo para dar as condolências. Telefonemas e mensagens de força naquele momento eram bastante, meu corpo estava presente, mas minha mente e minha alma estavam longe querendo perceber o que teria acontecido para o câncer voltar a aparecer, se meu filho fez a quimioterapia toda, e tudo estava a correr bem, aquela altura eu só queria ter uma resposta clara do porquê.

Todas as vezes perguntava a mim mesma onde estaria a alma do meu filho, o que estaria a acontecer do outro lado onde ninguém tem o poder para ir, senão aqueles que hoje já não estão entre nós, e que ninguém também voltou para

dizer como é. Onde estava o meu filho, era tudo o que me perguntava. A dor da saudade, e o saber que nunca mais abraçaria o meu filho me trazia muita dor, mas Deus sendo Deus, sabendo o que precisamos e como trazer paz ao nosso coração reservou para mim naquela noite algo que mudaria todo o meu coração, e traria paz e refrigério, uma surpresa que traria a força que eu precisaria ter para não só escrever esse livro, mas também para levar avante o sonho do próprio Deus em diante, sonho de ajudar a levantar mães que assim como eu perderam seus filhos, mães que precisam saber que seus filhos estão nos braços Daquele que tem todo amor para lhes dar, e curar os seus corações da dor da ausência dos seus anjinhos.

Depois de tantas perguntas de onde estaria o meu filho, eu estava prestes a ter a resposta por meio de um sonho, um sonho que trouxe paz ao meu coração e forças para avançar, crendo que num futuro próximo andando nos caminhos de Deus, guardando os seus mandamentos eu veria novamente o meu filho. Era madrugada de sábado para domingo, dia 23 para o dia 24, já a noite ia longe, lembro que fui a primeira a dormir. Eu sabia que estava a dormir, mas ao mesmo tempo me via em um lugar, que mesmo que eu quisesse descrever não iria conseguir, pois é difícil descrever tanta beleza, as rosas pareciam ser de cristais, o próprio chão que na verdade não era um chão normal, brilhava, vi anjos maiores do que eu, eu precisava olhar bem para cima para enxergá-los, as vestes deles era

um branco que nunca tinha visto em toda minha vida, um brilho que mal se conseguia olhar, mas o que me chamou a atenção naquele lugar foi a quantidade de crianças, jovens todos eles alegres, felizes, e uma paz que aqui nesse mundo não têm, pois nunca senti. No meio de tanta criança havia uma que pulava, sorria e ao mesmo tempo que olhava para mim, eu olhava para ele também eu não entendia, mas sentia que conhecia aquela criança, e foi então que ouvi alguém me dizer que eu precisava voltar, e eu perguntava: *"voltar para onde?"* Pois eu não queria sair daquele lugar que transmitia muita paz, uma paz que nunca havia experimentado. Senti-me com se a flutuar enxergando aquele lugar cada vez mais distante foi então que despertei perguntando-me o que teria sido aquele sonho. Sem entender o que teria vivido, olhei para a hora e vi que eram ainda 03h da madrugada. Por uma hora fiquei pensando naquele sonho que mesmo depois de ter despertado trazia paz no meu interior. Voltei a descansar desejando voltar a viver o que vivi naquele sonho.

Passando um tempo soube através de um homem de Deus que o que tinha vivido era um sonho de consolo, uma experiência sem igual, que agradeço ao Senhor por me permitir viver, pois através daquele sonho recebi a paz que precisava, e a certeza da pergunta que fazia a Deus sobre onde estava meu filho, pois tive resposta uns dias depois do funeral do Kiami

olhando para lá (vocês irão entender para onde eu olhava um pouco mais a frente).

Acreditem nos sonhos que vocês têm, pois através de sonhos e visões a dormir podemos receber avisos da parte de Deus, porque Ele ainda fala por meio de sonhos como fala a Sua Palavra em Jó 33:14 – *Entretanto, a verdade é que Deus fala, ora de uma maneira, ora de outra.* Nesse processo que vivi muitos foram os sonhos que tive da parte de Deus.

A Última Morada

"O Adeus Ao Kiami"

Eis que o dia mais difícil havia chegado, o momento mais duro, e marcante que alguém que perde um ente querido vive: o dia do funeral, a última morada daquele que amamos e sabemos que ficaremos sem mais abraçar, cuidar e ver.

Desde que me conheço como mulher adulta, muitas já foram as minhas perdas, já perdi pai biológico, perdi meu pai (o homem que me criou), perdi minha avó paterna, tios e até primos, mas nunca uma morte me trouxe tanto aprendizado e dor como a do meu filho, fruto do meu ventre, alguém que carreguei por 8 meses e que de repente vi definhar, sem muito poder fazer. E quando vi o meu filho em uma caixa, ali parado, sem se mover e gelado, entendi a importância da vida, a importância de que enquanto ainda estivermos em vida dizermos que amamos, que gostamos e acima de tudo cuidarmos enquanto podemos, porque o amanhã só a Deus pertence, e ninguém sabe o dia, nem a hora que chegará o momento da sua senha de partida. Naquele momento diante da urna do meu filho reconheci o que Jó disse : *"O Senhor deu, o Senhor o tomou; louvado seja o nome do Senhor!"*, Jó 1.21, pois o Kiami não me pertencia, era herança do Senhor, e havia regressado à casa. Devido a pandemia cheguei a pensar que não veria mais o rosto do meu filho quando fossemos buscar o corpo ao hospital, mas até nesse momento Deus operou, trazendo para nós a funerária da Pontinha, do senhor Paulo Lameiras, que tratou de tudo, desde tirar o corpo do meu Kiami da morgue, a capela do hospital onde pudemos todos nos despedir do meu filho. Por alguns minutos estivemos com o corpo do Kiami, os meus irmãos mais velhos, algumas tias, o meu primo, e a Helma que me acompanhou e me segurou nesse momento

doloroso, e chorou comigo pela perda, pois ela esteve sempre presente nessa batalha do anjo Kiami muitas vezes. Devido a pandemia tínhamos que respeitar as ordens de restrições que o estado havia delegado no país, assim sendo era impossível aglomerações.

Depois de já termos passado aquele momento de despedida, seguimos então para o cemitério das Patameiras em Odivelas, onde iríamos sepultar o corpo do meu anjo Kiami, cemitério que da varanda da casa da minha irmã, dá para ver-se mais ou menos onde Kiami foi sepultado. Ainda na porta do cemitério senti em meu espírito de louvar, louvar a Deus reconhecendo a sua soberania, poder e grandeza. O Deus que me amparou e segurou havia chegado comigo até ao fecho daquele momento de dor, e o mesmo Deus ainda tem me segurado até aos dias de hoje. Nos momentos de aperto no coração pelas saudades do Kiami, Ele envia o seu Espírito para me consolar e me erguer. Louvei-lhe agradecendo por tudo, pelas Suas Mãos na minha luta, e livramento que Ele também havia me dado, por muitas vezes quando a minha tensão subia. O Pastor Marcos Shallom, fui orientada por DEUS para chamá-lo fez o ato fúnebre do Kiami, pois foi quem acompanhou todo o processo, orando ele e sua esposa pelo meu anjo. Creio que sabendo de todas as coisas, Deus me tenha assim orientado para chamá-lo a fim de ele passar as últimas palavras de consolo e conforto para mim e a minha família, e assim foi. Após as declarações da Palavra, passamos

então para o momento da descida da urna, onde passando a palavra o pastor Marcos perguntou se alguém da família queria falar. Achei que o meu irmão mais velho deveria falar, até que senti algo me dizer que eu teria que falar enquanto os senhores se preparavam para descer a urna no buraco. E mais uma vez o sobrenatural aconteceu e dessa vez no cemitério, naquele mesmo instante que iria falar com o meu filho mais velho de lado, eu senti a Presença naquele lugar. Até hoje eu digo que se DEUS abrisse meus olhos espirituais poderia enxergar com meus olhos físicos os Anjos naquele cemitério. Eu pude sentir como se uma mão me tivesse tocado no peito, naquele momento se me secou as lágrimas, a dor no peito sumiu e tudo que surgiu em mim foram palavras de agradecimento a Deus, e louvor ao seu nome, um ato que surpreendeu, acredito, a muitos que lá estavam. Dentre elas estava a minha irmã mais velha, que chegou mesmo a comentar que nunca tinha visto uma mãe a não chorar no momento que o filho estaria a ser enterrado. Pois é, há coisas que Deus faz que nós não entendemos, pois até eu mesma me surpreendi e não entendi tamanha paz que havia invadido o meu coração. Tudo que queria naquele momento era somente agradecer a Deus e louvá-lo, pois, só sei dizer que aquela presença de paz, tranquilidade e a sensação de missão cumprida depois de muita luta, e a força sobrenatural em mim me mantiveram de pé. E é exatamente assim que aqueles que creem em Deus, sabendo que a morte para os filhos de

Deus é o regresso para casa agem, e por outro lado a minha missão ainda não havia terminado, pois Deus ainda havia me deixado com duas das suas heranças, Miguel e Eliézer, para continuar a cuidar, instruir e caminhar nessa terra.

Kiami hoje se encontra num lugar de paz, onde a dor não habita, onde o câncer não prevaleceu, um lugar onde ele vive em tremenda alegria. Talvez vocês se perguntem, como eu tenho tanta certeza disso? Pois é lembram-se do sonho de consolo, que eu disse mais acima que falaria mais sobre? Pois é, no final daquela mesma semana, estando no parapeito da entrada da casa da minha irmã, olhando para o cemitério onde Kiami foi sepultado, Deus trouxe na minha mente o sonho e a experiência que havia vivido naquele sonho, focando mais a minha mente na parte da criança que eu via a pular e a sorrir olhando para mim. Foi então que estando ali sozinha a falar com Deus no meu íntimo, perguntei quem seria aquela criança, ao que eu ouvi bem no fundo do meu interior uma voz que dissera que aquela criança era o Kiami. Uma alegria enorme invadiu o meu coração e até aos dias de hoje não me pergunto mais onde estará a alma do meu filho, pois tão certo como Deus vive eu sei, que Ele lhe tem em seus braços lhe guardando para mim até ao dia do nosso reencontro.

Hoje não digo que não choro, choro porque sou humana, mãe, choro de saudades porque queria muito como mãe poder ter o meu

filho de lado, poder ter lhe visto crescer, pois idealizava o que ele seria quando crescesse. Falar do Kiami hoje é uma honra e orgulho, pois ele foi e é parte do propósito de Deus na minha vida, ele foi e é a chave de ouro que Deus usou para mudar a minha história, a minha vida de certa forma, e todo o meu ser.

Existem situações na vida que vêm para Deus nos ganhar verdadeiramente para Ele, para nos converter verdadeiramente. Abrir a boca e dizer que amamos a Deus, todos podemos fazer, quero ver adorar quando Ele tira alguém que você muito ama e era ligado. Amar a Deus na fartura, na alegria é a coisa mais fácil que existe, agora amá-lo diante da tempestade, e mesmo quando essa cessar, você toda quebrada por dentro e ainda assim lhe adorar, é somente o propósito, a unção e o poder Dele dentro de nós. E digo isso porque muitas vezes quando não vamos a Deus pelo amor, vamos pela dor e foi exatamente pela dor que Ele me ganhou e ensinou verdadeiramente quem Ele é, DEUS.

Depois de viver o processo da perda, e entrar no processo do luto fui aprendendo muita coisa com Deus. E uma das coisas que aprendi é que só tem autoridade para falar aquele que passou pela dor e superou, e talvez você me pergunte: Nina você superou? Eu te respondo: todos os dias Aquele que permitiu a dor, Ele mesmo tem tratado das feridas, e me levado rumo a superação.

Apelo

Diz-se que somente passando o que o outro passou para entender a sua dor. A você, caro leitor, quero primeiramente agradecer pelo tempo que se permitiu para ler esta história do anjo Kiami, onde Deus foi sem dúvida aquilo que Ele sabe ser, Deus, e fez aquilo que Ele sabe bem mostrar por nós, amor. A você caro leitor eu peço como mamã de anjo, como mãe de dois rapazes lindos, a ti peço não espere o mesmo bater a sua porta para ajudar uma criança, uma família que luta com seu familiar contra o câncer. Existem várias formas de ajudar essas famílias, e associações que também ajudam nessa causa. Deixe que o poder da empatia entre na sua casa para ajudar quem agora precisa de você. Infelizmente o câncer tem levado a óbito centenas de crianças, homens e mulheres a perder, e muitos deles por falta de condições monetárias para o tratamento, outros até para recorrerem a outras possibilidades de tratamento.

Ajudar não custa nada, procure uma associação que se doe para apoiar familiares de crianças e jovens na luta contra o câncer, e AJUDE A SALVAR UMA VIDA.

Agradecimentos

Eu quero dedicar e deixar aqui o meu mais profundo sentimento de respeito, orgulho e consideração a todos os jovens e crianças que batalham todos os dias contra o câncer; a todos aqueles que para mim não perderam, mas ganharam porque lutaram até ao fim como guerreiros(as), não baixaram os braços até que o Criador lhes chamou de volta para a casa.

A todas mamãs de anjos, assim como eu, mulheres guerreiras, de fibra o meu muito obrigado, por terem cumprido tão bem o papel que nos foi incumbido de mães protetoras, mães sábias, que cuidaram até ao fim da herança do Criador como fala em Salmos 127:3 – *Quanto a seus filhos, eles são herança do Senhor: o fruto do ventre é um presente de Deus*. Talvez agora vocês não entendam, João 13:17 – *Portanto, se vós compreenderdes esse ensinamento e o praticardes, abençoados sereis*, como eu entendi o propósito que nos mostra que por detrás de toda dor existe um plano bem maior, um propósito de luz que fará você e eu levantar outras mães que se encontram na mesma situação que um dia estivemos, mães que estão desesperadas se perguntando, *"e agora, o que vou fazer?"* Quando você mãe entender que é a luz para orientar e iluminar a escuridão de outra mãe, aí sim você entendeu o que é o amor de Deus pela humanidade, pois a verdadeira honra e homenagem a se dar a todos anjinhos que

partiram nessa batalha é o se levantar para amparar, abraçar aqueles jovens e crianças, aquelas mães que ainda estão a viver essa luta.

Aos facilitadores do processo do Kiami; a todos que me apoiaram; a minha família; minha mamã, minha ajudadora muito obrigada; aos médicos, Dra. Ana Almeida que foi quem descobriu o câncer no Kiami, Dra. Sônia Silva, que cuidou de toda nossa trajectória no hospital de Coimbra em todo o processo, ao Dr. Guilherme Castela, que operou, removendo assim o câncer do olho do Kiami, a Dra. Madalena oftalmologista, ao Dr. Ximo e toda equipe do IPO de Lisboa; a todos amigos, pastores, irmãos em Cristo, vizinhos, a todos você agradecimento é pouco para expressar o que carrego dentro do meu coração. A Deus eu peço que abençoe e proteja a todos, pois sem a vossa ajuda, sem o vosso ombro, sem as vossas orações, sem as vossas palavras de consolo eu não iria conseguir; a todos que Deus usou para nos abençoar o meu muito obrigado.

Aos meus filhos Miguel e Eliézer muito obrigada por me abraçarem sempre que preciso.

Biografia

Quem é a Adelina? Adelina Lourenço, Nina para os de casa, e para os que lhe seguem nas redes sociais ANILEDA QUEEN, é a terceira de cinco irmãos materno, e a primeira de três irmãos paternos. Nascida em Angola no ano de 1985, hoje com 37 anos de idade, aos 9 anos de idade emigrou para Portugal onde a sua mãe procurando melhores condições de vida, para dar na altura aos seus três filhos morava.

Uma mulher forte, batalhadora, sonhadora, alegre, amiga dos seus amigos e de um coração generoso e emotivo. Mãe de três lindos tesouros, MIGUEL, KIAMI (em memória) e ELIÉZER presentes e prova de amor de Deus.

Nina é ela mesma, não finge sentimentos, quando ama, ama de coração, prefere a verdade do que a mentira, gosta de dançar, sempre sonhou em ser modelo. Desfilou algumas vezes e participou do concurso MISS Angola no ano de 2004.

Teve seu sonho realizado por Deus de ser oficial de Migração em Angola, com a patente de agente de 1ª classe, por alguns anos serviu a sua nação, na luta pela legalidade e integridade do seu país. Hoje respondendo ao Chamado de Deus, colocou as mãos no arado, pelo evangelho de Jesus Cristo, o Criador, aquele que lhe resgatou, lhe escolheu e lhe chamou pelo seu nome, e não pelos seus pecados. Apaixonada por Jesus De Nazaré que lhe fez filha, rainha, amada e sua testemunha na terra, mãe e hoje protagonista escritora dessa linda história Meu Anjo Kiami, que descansa em Seus braços.

Siga Anileda Queen em suas redes sociais:

@aniledaqueen_oficial

EVENANDO EDITORA

Toda história merece ser lida!

Todos devem deixar um legado! E que tal se for por escrito? Entre em contato conosco e veja a sua vida virar um livro.

Saiba mais em:

@evenandoeditora

www.editoraevenando.com

Printed in Great Britain
by Amazon

14774772R00103